教育部规划课题："职务犯罪技术侦查：法理论证与制度完善"（12YJA820022）成果
浙江理工大学攀登计划"职务犯罪技术侦查问题研究"（14106211－Y） 成果

职务犯罪技术侦查问题研究

ZHIWU FANZUI JISHU ZHENCHA WENTI YANJIU

何邦武／著

中国检察出版社

图书在版编目（CIP）数据

职务犯罪技术侦查问题研究/何邦武著. —北京：中国检察
出版社，2015.6
ISBN 978 – 7 – 5102 – 1426 – 4

Ⅰ.①职… Ⅱ.①何… Ⅲ.①职务犯罪 – 刑事侦查 – 技术 –
研究 – 中国 Ⅳ.①D924

中国版本图书馆 CIP 数据核字（2015）第 100230 号

职务犯罪技术侦查问题研究

何邦武 著

出版发行：	中国检察出版社	
社 址：	北京市石景山区香山南路 111 号（100144）	
网 址：	中国检察出版社（www. zgjccbs. com）	
编辑电话：	(010) 68650028	
发行电话：	(010) 68650015 68650016 68650029	
经 销：	新华书店	
印 刷：	保定市中画美凯印刷有限公司	
开 本：	A5	
印 张：	7 印张	
字 数：	178 千字	
版 次：	2015 年 6 月第一版 2015 年 6 月第一次印刷	
书 号：	ISBN 978 – 7 – 5102 – 1426 – 4	
定 价：	26.00 元	

中文摘要

以修订后的刑事诉讼法颁行为标志，职务犯罪技术侦查再次成为理论研究的热点。因应该制度从正当性论证转向实行性研究的实际，如何解读修订后的刑事诉讼法及相关司法解释，厘清其中蕴含的制度法理及基本原则，辨析既定制度所设定的职务犯罪技术侦查的具体侦查手段、适用范围、适用程序与条件、适应当下中国职务犯罪侦查体制的监督审查机制，以及相对人的权利保护内容与救济渠道等，成为研究的中心视域。

本书拟从前述视域出发，立足法教义学的研究立场，循沿从基本理论到具体制度设计的研究思路，辅以类型学的比较方法及侦查实践的实证分析，力求在规范性语句和技术侦查基本法理的双重约束下，逐层推求既定条文的语义脉络，通过对既定条文语义和法理的反思和调整，以完成对有关职务犯罪技术侦查既定条文"语义空缺"或曰"规范漏洞"的合目的性弥补，夯实我国职务犯罪技术侦查观念、学理基础，并最终推进有关技术侦查规范在实践中的运用。

立足于侦查程序基本原理的宏观视角，本书首先梳理了"侦查程序法治化"这一法治文明的历史发展脉络及其演进逻辑，认为以下内容应该成为有关侦查程序原理的基本共识：从纵向的"大历史"视角来看，自侦查权行使的专业化和集中化，到规范侦查权自身及建立内部监督机制，再到司法权的介入及犯罪嫌疑人防御权的赋予，直至与其相关的刑事诉讼原则的宪法化和国际化，侦查程序逐步实现乃至完善了其法治化目标。侦查程序的法治化是现代法治超越地域和民族的共相，侦查权的行使必当服膺程序法治的原则和精神。以前述侦查程序的基本法理为背景，本书从探求职务犯罪技术侦查基本法理入手，在充分体认我国当下刑事司法语境，以及职务犯罪刑事侦查体制过渡性与渐进性的基础上，论证了我国职务犯罪技术侦查的正当性法理：在比较当今法治国家技术侦查的 3 种价值模式的基础上，阐明了我国职务犯罪技术侦查应当以"权利平衡模式"为应然价值模式。

修订后的刑事诉讼法虽然已经引入了技术侦查制度，但由于立法的过于简约，加之既定刑事诉讼体制的限制，既有规定在涉及技术侦查最核心的侦查行为应遵循的基本原则问题上却缺乏明确的规定，亟待通过对我国宪法相关条文、刑事诉讼法的系统解读，以及有关技术侦查自身相关规则语义的推求，为该制度建构基本的原则。有鉴于此，本书从宏观、中观及微观三个视角，在规范性法律条文语句和技术侦查基本法理的双重约束下，探求职务犯罪技术侦查的基本原则，结合我国司法实际，探寻控制犯罪与人权保障之间的平衡点。本书的基本结论是：任何一项法律制度的制定背后都存在着各相关主体不同价值诉求的冲突。从均衡的原则出发，在各种价值目标中作出抉择，实现各价值目标的协调将是应然之果。与其他侦查行为一样，在技术侦查制度的设置中，各种价值的冲突和博弈，政府公权力和公民个人权利的对立是最明显的两极，是解决各种价值冲突的首要目标。所以，通过一定的程序设计，确立职务犯罪技术侦查中权力行使的基本原则，达到既"惩治职务犯罪"又"保障人权"两类价值的均衡，是进行技术侦查制度设计的首要解决的问题。同时还应考虑到该类侦查与普通的被动型侦查的不同属性，尤其是其对公民个人隐私权的侵害而厘定出相应的原则。鉴于司法审查原则在整个侦查程序中的重要价值，本书对我国现行司法体制于此原则设置中存在的阻滞作出了正面回应，在探究在技术侦查中设置司法审查原则必要性与可行性的基础上，认为在现行宪法框架下，设置由法院实行的司法审查应与检察机关的监督地位并无龃龉之处。因此，从纯然学理的视角来看，确立由法院实行的司法审查原则是现实和可行的。不过，在具体设置中，宜做到坚持原则与把握例外的统一，即一般情形下，侦查机关对于技术侦查的实施，应先取得法院的同意，紧急情况下，侦查机关可先行采取必要措施，但事后应取得法院的确认。启动前审查批准一定要实行书面许可原则，详细记载许可内容，如对象、时间、地点、期限和执行机关等，以便执行机关遵循。

在究明我国职务犯罪技术侦查基本原则及其例外的基础上，本书进一步申述了该原则统摄下的程序规制、程序性违法及相对人基本权利的保障与救济等问题。考虑到我国现行侦查体制中检察机关角色的重要性和影响的广泛性，本书认为，规制职务犯罪的技术侦查，尤应发挥检察机关的检察监督作用，在目前的刑事司法体制下，为了使修订后的刑事诉讼法有关职务犯罪技术侦查符合正当程序的理念，得到有效实施，通过司法解释进行"创制性解释"，弥合制度中的罅隙，使检察监督技术侦查的启动、实施及其后程序得以真正实施，是较为妥当的方法。但克服在职务犯罪技术侦查中，检察机关"自我审批"、"自我侦查"甚至"自我监督"的权力封闭运行的弊端，增强公权力的公信力，是必须认真对待的问题。应以促使公权力机关谨守法律程序，维护基本的诉讼法律秩序和基本法律准则为旨归，赋予作为公权力对极的公民个人一系列权利，以"权利清单"的方式明确列举其应享有的权利，帮助其获得有效的司法救济，使其人身权利和诉讼权利得到尊重和救济。有鉴于此，本书尝试构建中国技术侦查相对人权利救济与保障制度，以期对技术侦查的完善有所裨益。

作为对职务犯罪技术侦查实践的回应，本书特辟两章着重论析了职务犯罪技术侦查具体实施问题，借此完成本书关于职务犯罪技术侦查从基本理论到具体实践的研究构想。在技术侦查的具体方式上，本书以 2012 年 12 月 13 日公安部颁发的第 127 号令即《公安机关办理刑事案件程序规定》第 255 条关于技术侦查措施的种类为依据，分析了作为该类侦查基本方式的电子数据搜查的一般原理与规则，进而分析了概念已获广泛认同的监听制度的实施问题。作为现代社会应对职务犯罪必不可少的一项技术侦查手段，监听因其手段的秘密性、人权干预的直接性及潜存的危害性，迫切需要得到规制，唯此方能达致人权保障和犯罪控制二主要法益的平衡。通过对域外证据禁止理论及相关判例的分析研究，本书主张，规范上述侦查手段，应通过司法解释完善当前立法，明确相应实施细则，弥合现有法制体系中的缺漏。

不容否认的是，在包括监听在内的所有技术侦查制度中，由于理念与制度之间是相互作用、彼此影响的动态关系，理念的转换影响制度的变更，而制度的确立又能固化或者更新人的理念。因此，在当下的刑事诉讼及侦查制度的改革中，必须也应当将理念的转换作为改革的题中应有之义。按照现代法治的基本要求，以约束国家公权力和保障公民权利为刑事诉讼的嚆矢，彻底摒弃我国传统意义中的刑事治罪模式及其所折射出的国家本位的理念，以此实现刑事侦查的真正法治化。这也是中国刑事诉讼回到常识、回归理性的应然选择。

Abstract

Marked by the enactment of the new "criminal procedurallaw", technical investigation of duty crimes once again becomes the hot spot of research. Due to the fact that the system shifting from reasonable argument to the actual study of practicability, the following topics have become the research centers, those are how to interpret the new "criminal procedural law" and its related regulations, how to clarify which interpretation containing the legal theory and basic principles of the system, how to analyze established system on technical investigation of duty crimes setting by the specific investigation methods, application scopes , procedures and its conditions, and how to adapt to the supervision and examination mechanism of present China's duty crime investigative system, with the content of protecting the rights of counterpart and relief channels, etc.

This book also starts from those perspectives, based on the research position of legal dogmatics, followed by the study of basic theory to the design ideas of concreting the whole system, and wants to make an effort to normative statements and the basic legal theory of technical investigation, under the double constraints of semantic context, to derive the established articles step by step, by means of comparison of typology methods and empirical analysis of the investigation practice. In order to complete the purposeful amendments on relevant technology of the already established provisions with "semantic gap", or "specification loopholes" on duty-crime investigation, this book finally wants to ram the concept and principle foundation on technological investigation of duty-crimes in China , and eventually promotes the related technical reconnaissance used in legal practice, on the basic of the established provisions semantics and legal theory of reflection and adjustment.

Based on the the macro-scope of basic principles of criminal investigation procedure, the book first discusses the historical developing context and internal logic of "the legalization of investigation procedure", such important elements as a kind of civilization according to the rule of law , the following topics should have the basic consensus about the principle of investigation procedure from longitudinal perspective, that is, the investigation procedure should gradually achieve or improve its objection of legalization in the following fields, for example, the specialization and centralization of exercising indictment power, the standardization of indictment itself, and the establishment of its internal supervision mechanism, until to the intervention of judiciary power and the endowment of defensive rights of criminal suspects, as well as the constitutionalization and internationalization of the relevant principles about criminal procedures. There should be universal about the legalization of investigation procedure, since modern rule of law has passed beyond geographical and ethnic limitation, so the exercises of the indictment must correspond to the "rule of law" spirit and principles of the program.

Based on these backgrounds, and fully realizing present criminal judicial context of our country, as well as he basis of the transitivity and progression of technological investigation on duty-crimes system, the book demonstrates the legitimacy of the technological investigation of duty crime in our country's legal theory. By comparing three different value patterns of the technological investigation in main countries of rule of Law, the book expounds the opinion that technological investigation of duty crimes in our country should take "right balance model" as the rightful value mode.

Newly revised criminal procedural law has introduced the institution of technological investigation, but as a result of contracted legislation, and the limitation of previous criminal lawsuit system, the established provisions concerning technical investigation lacks of clear rules concerning the behavior patterns and basic principles which should be followed very urgently to rely on the systematic interpretation of criminal procedure law and the related provisions of our constitution, as well as the semantic derivation of relevant regulations on technical investigation itself, altogether to construct the basic principle of the system. Because of this, from different levels of perspectives, and also under the dual constraints of normative legal statements and basic legal theory of technical investigation, this book will intend to focus on the basic principles of technical investigation, finding the balance between crime controls and human rights protection. The basic conclusion of this book is: behind the formation of every legal system, there are always conflicts between different value and propositions of each relevant ordinances. According to the principle of balance and all kinds of value goals, to choose and achieve coordination of realizing every value goals should be the granted choices. Just like other investigation methods, in the setup of technical investigate regulations, the conflicts of all sort of values, the opposition between public power and individual rights as a citizen is one of the most significant disparity, thus the primary target to solve a variety of value conflicts, therefore, through some programmatic should be designed to establish the basic principles of exercising power during technical investigation on duty-crimes, to achieve the equilibrium of both kind of value-punished duty crime while human rights is the prior question to solve. At the same time, we also should take the different properties of such kinds of investigation comparing to ordinary passive detection into consideration, especially the infringement to personal privacy of citizens, and set up the corresponding principles. In view of the great importance of judicial review in the whole investigation procedure, this book copes with the existing blocks setting in current judicial system , then explores the feasibility and necessity of establish judicial review system in the technical investigation, thus setting up a certain judicial review carrying out by the court should be contradicting the supervisory status of the procedural system under current constitutional frame. As a result, to form a pure theoretical perspective, and to establish a judicial review institution exercised by the court is a practical and feasible way. On specific settings, however, it should adhere to the unity of stick to principles and to grasp the exceptions, that is: in the general situation, the implementation of special investigation conduct by investigative organization, should obtain the consent of the court first, in emergency circumstances, the investigation system may take necessary measures in advance, but afterwards should obtain the conformation of the court. The examination and approval of the implementation before starting, should follow the written permission principle, detailed content, such as objects, time, places, time limits and enforcement authorities, etc. , must be amplified in order that enforcement authorities could be complied with.

On the basis of basic principle and exception of the technological investigations on duty-crimes in our country, this book further described the ideas on the principles of the application under regulation, the procedural illegality and the sanction and relief means towards it. Considering the importance of role and the universal influence asserted by the procedural system in our country's current crime investigation system, this book considering that to regulate the technical investigation of duty crime, the procedural system should pay special attention towards emphasizing the function of procedural supervision, under the current criminal justice system, in order to make the relevant technical investigation of duty crime in newly revised "criminal procedural law" in accordance with the concept of due process, to get effective implementation, "creative interpretation" through the judicial interpretation system which will get the implementation, and procedures afterwards of procedural supervision on technical investigation carrying out seriously, is an apparently feasible method. But in order to overcome the disadvantages brought by "self-approval", "self-investigation", and even "self-supervision" such sequences resulting in closed operation of power, enhance the credibility of public power, is a problem that must be taken into account seriously. The implementation of the procedural sanctions, should keep public power authority abiding the legal procedure, maintaining the fundamental litigation order and basic legal principles for the purpose, at the same time, a series of individual citizens rights should be given to counterparts against extremely mighty public powers, amplify deserved rights of individual citizens in the form of "Bill of Rights", which will help them to obtain the effective judicial relief, to ensure that their personal rights and litigation rights have gained respected and remedy. For this reason, this book attempts to build the right relief and security system for other party in technical investigation of China, to get the improvement of technical investigation.

In response to the legal practice of technical investigation on duty-crimes, this book gives us two chapters focusing on the introduction of the electronic digital evidence's implementation , and the applied practice of surveillance, by these way, this book has finished the research supposition of technical investigation on duty-crimes from basic theory to specific practice. As an essential technical means , the surveillance has made a direct effect of interference on human-rights, and the harmfulness of cesarean in modern society, so it must be regulated, only in this way, can we achieve the balance of two major legal aims, between interests-human rights protections and crime controls. Explanation based on systematic theory, and through the research of relevant case-analysis and the evidence forbidden theory, this book argues that to regulate the above means of detection, we should complete perfecting current legislation through judicial interpretation, clarify the corresponding implementing rules, bridging gaps under the existing legal system, establishing legal standards , perfecting the rules of evidence. Similar ideas also lay in the improvement of the monitoring system. But because of the interaction between ideas and system, the dynamic relations of mutual-influence, the transformation of thoughts affect the changes of system, therefore, in the present reformation of criminal litigation and investigation system, we should also take it as inherent that transform the idea is the essential part of reform. According to the basic requirements of the modern rule of law, we should restrain the national public power and safeguard civil rights, and that should be the beginning of criminal proceedings with completely giving up the traditional pattern of incrimination punishment and the state-oriented reflection circling that concept, in order to realize the true legalization of criminal investigation. This is also the choice of time that Chinese criminal proceedings regression to common sense, and rationality.

目　录

绪　　论

一、职务犯罪技术侦查的研究现状

以 1979 年中国法治建设之路重启为标识，国内有关职务犯罪技术侦查问题的研究，大致经历了 3 个阶段：

20 世纪 90 年代前为初始阶段。与实践中有关部门潜行的相应规范相适应，相关研究只就普通的刑事犯罪中技术侦查的可行性、可能性及其证据资格问题进行探讨，有关技术侦查规范问题的研究隐而不彰，至多只停留在肯定说与否定说的论争之中，尚无关于技术侦查的详尽研究。更囿于前党和国家最高领导人关于"党内不准搞技术侦查"的指示及其后国家领导人的明确要求①，

---

① 1982 年 10 月 4 日，曾担任过全国人大常委会委员长并直接领导制定了 1979 年以后诸多法律（包括 1982 年宪法）的彭真在《在中央政法委扩大会议上的讲话要点》中也曾经明确指出："党内一律不准搞侦听、搞技术侦查，这是党中央决定的，是党中央多年来坚持的规定。在这个问题上，敌我、内外界限要分明，不能混淆。如果允许在党内使用技术侦查手段，此例一开，影响所及，势必在党内引起不安，引起一些疑神疑鬼、互相猜忌的现象，势必损害同志关系，损害党内民主团结和生动活泼的政治局面，并且会被阴谋家、野心家和帮派分子用来为非歹，这是对共产主义事业不利的。"参见彭真：《论新中国的政法工作》，中央文献出版社 1992 年版，第 303 页。

该阶段职务犯罪的技术侦查问题成为理论研究的禁区。甚至，由于执政党在我国政制中的领导地位，职务犯罪行为主体大多具有党员身份，因此，合乎该最高指示的逻辑结果，自然是"查处职务犯罪不能搞技术侦查"。因为，"要坚持党性原则，即必须严格遵守特殊侦查手段'不准用于党内和人民内部'的原则，严格遵循和执行党的政策，遵守党纪国法"。① 尽管对该最高指示有不同的解读，② 但在职务犯罪中不得针对党员干部使用技术侦查手段仍可视为理论与实践部门的基本共识。因此之故，技术侦查成为理论研究的禁区，自然难言有理想的研究成果。

　　1990 年至 2012 年刑事诉讼法的再次修订前为中期阶段。随着社会经济发展的急遽转型，一方面，社会矛盾因社会结构、社会主体、价值诉求等的复杂化、多元化而呈现比以前更加繁复的态势，刑事犯罪表现形式日益呈现有组织化、技术化、隐蔽化、智能化。另一方面，传统侦查理论及常规侦查手段所表现出来的单一性、滞后性，越发难以适应侦查实践的需求，这种掣肘效应在职务犯罪侦查领域表现尤为明显。③ 从近年来查处的一大批职务犯罪案件中还可以看出，一些地方或部门的职务犯罪呈现出大面积、塌方式腐败的趋势，严重影响了执政党的执政形象及公权力的权威性和公信

---

　　① 李德敏、李平：《反贪污贿赂犯罪侦查的特殊调查工作》，载《政法论坛》1994 年第 5 期。

　　② 原最高人民检察院副检察长朱孝清即持不同看法。他认为，"党内不准搞技术侦查"的含义应该是，在党内的路线斗争、政治斗争、派别斗争和调查违纪案件中，不准搞技术侦查，而不是指共产党员犯了严重罪行后，因其是共产党员而不得对其所犯罪行搞技术侦查。参见朱孝清：《职务犯罪侦查措施研究》，载《中国法学》2006 年第 1 期。

　　③ 我国职务犯罪技术侦查理论与实践的开展所面临的客观环境，与西方国家具有极强的相似性。20 世纪二三十年代，社会矛盾的增多和科学技术的发展，给侦查工作造成了极大困难。此种客观条件的改变迫使侦查机关努力寻求侦查方式的变更和突破。技术侦查措施正是在这种环境下产生并得到运用。

力，并在社会及公众中产生了非常严重的负面效应，加大对职务犯罪惩处的力度已成为执政党、政府及社会的普遍呼声。在国际社会，随着我国加入《联合国反腐败公约》并参与发起成立国际反贪组织——国际反贪局联合会，以及在惩治职务犯罪领域日渐加强的国际合作的展开，加强技术侦查的理论研究、加快制定相关法律已成为与国际社会共同应对职务犯罪的理论和实践一致的潮流①，职务犯罪技术侦查的可行性和可能性遂成为理论界和实务界的热门话题。同时，司法实践中积极展开的技术侦查亟须理论的支撑，职务犯罪技术侦查理论研究的禁区开始被突破。伴随着普通犯罪技术侦查的立法②和实践以及部分地区司法实务部门的积极尝试，一些学者开始探究职务犯罪的技术侦查问题，③ 可以说，这一时期有关技术侦查的实践与理论研究的展开，对最终催生当时正在修订中的

---

① 2003 年 10 月 21 日在第 58 届联合国大会上通过的《联合国反腐败公约》第 50 条第 1 款就明确规定：为有效地打击腐败，各缔约国均应当在其本国法律制度基本原则许可的范围内并根据本国法律规定的条件在其力所能及的情况下采取必要措施，允许其主管机关在其领域内酌情使用控制下交付和在其认为适当时使用诸如电子或者其他监视形式和特工行动等其他特殊侦查手段，并允许法庭采信由这些手段产生的证据。

② 例如，我国 1993 年颁布的《国家安全法》第 10 条规定："国家安全机关因侦查危害国家安全行为的需要，根据国家有关规定，经过严格的批准手续，可以采取技术侦查措施。"1995 年颁布的《人民警察法》第 16 条规定："公安机关因侦查犯罪的需要，根据国家有关规定，经过严格的批准手续，可以采取技术侦查措施。"再如，1989 年最高人民检察院、公安部《关于公安机关协助人民检察院对重大经济案件使用技侦手段有关问题的答复》规定："对经济案件，一般地不要使用技术侦查手段。对于极少数重大经济犯罪案件主要是贪污贿赂案件和重大的经济犯罪嫌疑分子必须使用技术侦查手段的，要十分慎重地经过严格审批手续后，由公安机关协助使用。"

③ 此一时期的研究成果在研究的深度、参与者的数量上已大大超过既往。较有代表性的研究成果有：樊崇义：《论反贪秘密侦查及其证据力》，载《人民检察》1995 年第 11 期；何家弘、龙宗智：《诱惑型侦查与侦查圈套》，载《证据学论坛》2001 年第 2 期；朱孝清：《职务犯罪侦查措施研究》，载《中国法学》2006 年第 1 期；陈卫东：《秘密侦查合法化之辩》，载《法制日报》2007 年 2 月 11 日。

刑事诉讼法有关技术侦查规则的制定，起了极大的推动作用。①

以修订后的刑事诉讼法颁行前后为开端并延续至今，是技术侦查研究的最新时期。这一时期，职务犯罪技术侦查再次成为理论研究的热点，学界已经开始了较为前沿的研究②：如何梳理职务犯罪技术侦查的正当性法理，确立其应遵循的基本原则，构建职务犯罪技术侦查的具体适用范围、程序、条件等，设定适应当下中国职务犯罪侦查体制的监督审查机制，为该权力划定合理的疆界，赋予相对人合理可行的权利救济渠道，等等，业已成为研究的热点。

在国外，20 世纪 60 年代以后，面对犯罪情势的变化和国家管理职能扩张的现实，主要法治国家积极探索建立包括技术侦查在内的"主动型"犯罪侦查方式，但争议一直存在，围绕限制侦查机关权力和保障当事人人权，已形成了"人权保障模式"、"犯罪控制模式"和"权利平衡模式" 3 种理论，总体趋势是主张在打击犯罪与保障人权之间维持平衡，并倾向于人权保障。尽管如此，随着打击"恐怖主义"、毒品犯罪等行动的加强、"权利本位"向"社会本位"倾斜与让步，理论热点在上述目标模式之间游弋，乃至形成反复，并表现在一些国家的立法、判例和理论研究之中，成为"主动型侦查"的最新发展趋势。同时此研究还包括技术侦查的审批程序、权利保障和司法救济等。

既有研究成果在呈现卓荦大观的同时，于以下领域仍有挖掘的

---

① 据闻，2007 年，全国人大常委会法工委曾推出了一个 35 条的刑事诉讼法修正案草案。该草案中没有提到技术侦查、秘密侦查等特殊侦查措施。全国人大常委会法工委答复的意见是，技术侦查，有其敏感性，新中国成立多年来，我们对这种措施讳莫如深，只能做不能说，写入法律更不可想象。后有学者撰写了《秘密侦查合法化之辩》全文刊发在 2007 年 2 月 11 日《法制日报》上，引起相关领导的注意，并决定将技术侦查纳入刑事诉讼法中来。

② 较有影响力的研究可参见宋英辉、何家弘、卞建林等于《河南社会科学》2011年第 7 期上的笔谈。

深度和拓展的空间：一是如何秉持法教义学的立场，在规范性语句和技术侦查基本法理的双重约束下，推求既定条文的意义脉络，使法条意义得以阐明并精确化，完成对既定条文"语义空缺"的合目的性弥补，实现职务犯罪技术侦查规范向规范职务犯罪技术侦查回归；二是与法教义学固有的价值评判品格相适应，面向中国特定的刑事诉讼法秩序，如何选择并最终确立我国的职务犯罪技术侦查的价值模式。尤其应解决的是，现行宪法人权保障条款及相关原则与刑事诉讼包括职务犯罪技术侦查条款如何共谐，是否以及如何确立阶段性价值取向和最终目标模式，类此目标当如何具体实施；三是面对已经展开的职务犯罪技术侦查实践，如何从学理上达致超越公、检、法各部门乃至各地方"政法"系统已经或即将颁行的解释或规定的最低限度的共识，克服各部门甚至各地区"自说自话"的流弊，推进职务犯罪技术侦查法规的公正和有效实施，使"技术侦查"在规范条文为其架设的轨道内合理、有序运行。

二、职务犯罪技术侦查的研究意义

首先，可以回应执政党和社会及民众对惩治贪、渎的诉求，为执政党和国家提供惩治职务犯罪的"工具理性"，重祭公权力作为社会公器的神圣性、权威性与合法性。[①]"国家之败，由官邪也"[②]，国家公职人员的职务犯罪不仅损害国家和社会公众利益，而且腐蚀政治清明，严重贬损执政党和政府在公众中的形象，影响其社会公信力及管理职能的执行力，直至产生执政的合法性危机。尤其是随着我国经济社会的快速发展、社会的全面转型，由于对应

[①] 对于当前在学界受到广泛批评的"双规"措施，基于职务犯罪侦查的现实需要，尽管也有学者认为"有其必要性和合理性"，但是如果赋予有关机关在职务犯罪侦查中使用技术侦查措施的权力，增强其取证能力，就可以从根本上减少法外措施的生存空间，将不法措施屏蔽在法律之外。

[②] 《左传·桓公二年》。

职务犯罪惩治制度及手段的滞后和短缺，公职人员贪、渎行为呈现高发、频发态势，这向反贪渎工作提出新的挑战。"公生明，廉生威"①，必须建立保证公职人员履行职务时做到公正廉明的制度体系。一方面，新一代党和国家领导人尤其重视贪腐防治工作，多次强调要防止腐败应强化权力运行制约和监督体系②，让权力行使者不敢腐、不能腐、不易腐。上述社会政治情势的产生及变化，更加凸显了技术侦查手段在职务犯罪侦查中的重要性及必要性。另一方面，在当前中国允许的制度空间内，因具体制度的建构具有较强的工具理性色彩，从而在一定程度上能够避免因诉讼价值理念的不同而引发的改革争议乃至抵触，可以降低制度改革的成本。因此之故，以技术侦查应然的工具理性为基础，逐步构建职务犯罪技术侦查制度体系，不失为一条经由技术到制度而使整个刑事诉讼制度渐次改良而臻于完善的路径。③

其次，通过论证职务犯罪技术侦查的基本法理，可以夯实技术侦查的理论基础，厘清技术侦查的适用范围、种类和程序等制度系

---

① 语出明代无极县知县郭允礼之《官箴》，全文"吏不畏吾严而畏吾廉，民不服吾能而服吾公；廉则吏不敢慢，公则民不敢欺；公生明，廉生威"对应两种典型的职务犯罪，"公"乃渎职犯罪所欠缺，"廉"为贪污犯罪所不具。

② 参见《中共中央关于全面深化改革若干重大问题的决定》，载新华网，http://www.xinhuanet.com/，访问时间：2013年11月15日。

③ 在我国很长一段时间以来，面对经济社会转型所产生的矛盾和问题，人们在批评社会信仰缺失、人文精神失落的同时，往往将其归咎于工具理性主义盛行的结果，这实际上是一种误解，价值观的多元甚至无序与工具理性主义的兴替实则是两个领域的问题。从思维方式的传统来看，由于以春秋为文化轴心时代的形式逻辑的不发达，我们的民族恰恰是拙于工具理性，这不仅影响了科学技术的发达，也影响了经济和社会制度建设。当然，强调工具理性的重要性并非否定价值理性所应有的地位和意义。笔者十分信服朱学勤先生所说的话，"在社会变迁过程中，中国人的工具理性不是太多，而是太少，多出来的那一块是价值理性，而价值理性又经常与中国文人的文学化激情联系在一起，同时又缺乏长期韧性的素质，由此反复出现广场政治，一哄而上，一哄而散"。（朱学勤：《书斋里的革命》，长春出版社1999年版，第429页。）

统，为该制度的合理有序运作及其最终完善落实提供学理支持。职务犯罪技术侦查作为现代科技发展衍生的新型侦查手段，对职务犯罪侦查工作的影响是多方面的。一方面，就我国目前有关职务犯罪技术侦查规则而言，处于实践之中且需不断完善的职务犯罪技术侦查制度尚存诸多缺陷和漏洞，如何精确既定条文语义和技术侦查的基本法理，对职务犯罪技术侦查既定条文"语义空缺"或"规范漏洞"进行合目的性弥补，已成为完善技术侦查规则体系、积极回应司法实践的一项迫切的理论任务。另一方面，理论研究及其成果的实践价值，也要求来自实践的验证并最终凝聚成共识，向立法转化。而来自司法实践中的信息又将为理论的修缮提供新的素材和基础，成为理论研究者继续前行的新的起点。总之，理论与实践唯有互动，方能共进。同时，在当下刑事司法环境下，本研究可以为司法实践部门提供学理知识，培植司法实践从业人员的刑事程序法治理念和法治意识，实现"有法者以法行，无法者以类举"，提高执法的法治化水平，弥合因制度空缺或罅隙、矫治制度短板的不良效应。

最后，通过探寻职务犯罪技术侦查中"控制犯罪"与"保障人权"二者的矛盾及调协依循的法理，可以丰厚侦查程序的基本原理，并为刑事侦查模式由传统向现代转型提供理论资源。我国传统的侦查模式的特点主要体现在"从案到人为主，从人到案为辅"。这种侦查模式在当时条件下基本上能够满足揭露犯罪、维护社会治安秩序的需要。然而，如前所述，随着社会转型期的到来，犯罪呈现出集团化、科技化、智能化等新型特征，再坚持传统侦查模式将难以实现侦查破案的效果。一方面，"刑事侦查模式的变革和构建是对传统侦查模式的'扬弃'，我们需要注重对产生风险社会的各种犯罪源头进行侦防，从而有效防治各种刑事犯罪的发生。"①职务犯罪技术侦查属于主动型侦查，恰恰体现了从源头预防犯罪的特点，有利于及时规避和减少社会矛盾和社会风险。另一方面，修订后的刑事诉讼法明确写入"国家尊重和保障人权"条款，凸显了现代刑事程序法重视保障人权的基本价值理念。该理念统摄下的职务犯罪技术侦查制度，其目标亦是努力达致约束公权力与保障私权之间的平衡。"法者，天下之公器也"（梁启超），不可不慎。今天，将"权力关进笼子"，已成为执政党和政府的共识，也是社会和公众竭力吁求的目标。只有限制政府公权力的过度膨胀与对公民个人权利的侵蚀，公民权利才能得到充分的保障。因为，有政府公权力边界限制，才有公民的自由。通过对侦查程序基本法理的论证与夯实，促使职务犯罪技术侦查实践在制度规范下有序运作，调和"控制犯罪"与"保障人权"之间的对立与冲突。努力做到既充分发挥技术侦查手段对职务犯罪案件侦破的积极作用，又要切实保障相对人的权利。经由二者的博弈与平衡，落实职务犯罪技术侦查的法治化、规范化，推进刑事侦查模式的现代化转型。

三、本书的研究进路

本书循沿从基本理论到具体制度设计的基本思路，拟从探求职务犯罪技术侦查基本法理入手，在充分体认我国当下职务犯罪刑事侦查体制过渡性与渐进性的基础上，本着法教义学的立场，阐明我国职务犯罪技术侦查的基本法理与价值模式。以此基本理论为逻辑基础，结合修订后的刑事诉讼法中的相关规定，探索我国职务犯罪技术侦查的基本原则及其例外，进而探究在此原则下的职务犯罪技术侦查的程序规制、相对人的权利救济以及各侦查制度的具体构建。经由上述论证历程，期望为我国职务犯罪技术侦查夯实观念及学理基础，提出改革与完善建言。

---

① 陈子军：《论刑事侦查模式及其构建路径》，载《求索》2013 年第 9 期。

在研究方法上，本书将着重采用以下几种研究方法：

（一）法教义学分析法

　　"法教义学，又称为教义学法学，是研究某一特定法律体系或子体系（法律语句命题系统）的实在法理论。或者说，它是一门法律概念和法律制度的自成体系的基础学问，一门以科学的趣味来构建的法律学问。"① 是"以某个特定的，在历史中逐渐形成的法秩序为基础及界限，借以探求法律问题的答案的学问"。②法教义学并不等同于墨守成规，唯法条至上，它"并非不关注经验知识和价值判断，而是致力于将它们'教义化'和'类型化'，以便省却今后裁判的论证负担"③，它始终秉持的不外乎三点，即"认真对待规范、法律是一种规范、法学应坚持规范性的研究的立场"。④法教义学的实质在于，对于既定的法律制度本身，不能进行颠覆性批判，而应当信奉、维护，以积极的建构立场完善其不足。

　　本书拟以既定职务犯罪技术侦查规范为前提，在价值、规范系统的约束下，进行所涉规范的解释与体系化，达致该制度从整体原则到具体规范的一致，推求程序正义。亦即，本书将着眼于对现行职务犯罪技术侦查规范的描述，继而延续从概念到体系的进路的研究，提出具体制度构建的建议，同时，严格遵循从"经验的维度—分析的维度—实践的维度"，⑤ 在经验与实践的交替与集合

---

① 舒国滢：《走出概念的泥淖》，载《学术界》2001 年第 1 期。

② ［德］卡尔·拉伦茨：《法学方法论》，陈爱娥译，商务印书馆 2003 年版，第 1 页。

③ 雷磊：《什么是我们所认同的法教义学》，载《光明日报》2014 年 8 月 13 日第 16 版。

④ 雷磊：《什么是我们所认同的法教义学》，载《光明日报》2014 年 8 月 13 日第 16 版。

⑤ ［德］罗伯特·阿列克西：《法律论证理论》，舒国滢译，中国法制出版社 2002 年版，第 311 页。

的研究中抽绎出研究对象的基本法理。

(二) 类型比较分析法

类型比较的分析方法由来已久。早在公元前 4 世纪，古希腊思想家亚里士多德就曾对当时 158 个城邦的政治制度进行比较研究，通过比较分析，得出政体之间的异同及优劣。法国启蒙思想家先驱孟德斯鸠在《论法的精神》中也曾对东西方许多国家的法律制度进行比较研究，从而被认为是比较法学的奠基人。英国法学家沃森认为，类型比较的分析方法是"一种法制史和法理学的研究"[①]。类型比较分析法根据不同的比较方法也有不同的区分：对属于同一法律传统或法系的法律进行的比较研究，称为"微观比较"，对差异较大的国家的法律制度进行比较，亦即对不同社会制度或不同传统或法系的法律进行比较研究，称为"宏观比较"；比较研究不同社会制度的法律称为法律的"对外比较"，对同一社会制度法律的比较研究称为"对内比较"。本书拟以理想的法治侦查模式为参照，理性审视中国司法实际，力求实现技术侦查基本法理与我国特定刑事司法体制情势下法理与价值目标。同时，我们也应该注意到，各国法律对同一法律制度的表述往往在措辞上是同一或者近似的，但是在表面的同一性下隐含着巨大的甚至是不可兼容的差异。一方面，中国问题之解决，诚如梁漱溟先生所言，应从中国问题的特殊性中寻找根本解决方案，是故，扎根于中国司法实践是一切制度构建的必要前提。另一方面，实践经验不足与理论短缺的实际，需要参照法治侦查模式理论的共性，充分吸收其在技术侦查实践与制度建设中的优秀理论成果，以期服务于法治中国的建设。

---

①   K. Zweigert & H. Kotz, "An Introduction to Comparative Law" (1977) Vol. L. p. 2.

（三）　实证分析法

　　"法律的生命在于经验而非逻辑"，此言或许失之偏颇，却不无道理。传统法学研究注重思辨性，偏爱宏观叙事与制度构造，注重理论与理论之间的分析与解释，却缺乏对司法实践的足够关注，法学研究阵地一度成为学者"自说自话"的承包区。而法学理论与司法实践的严重脱节，"加剧了立法与实践之间的冲突，法律的明文规定面临被虚置的危险"，值得认真反思。

　　实证研究正是在这一背景之下兴起，以补益思辨性研究方法的不足与缺漏。法律领域的实证研究，是指按照一定程序规范和经验法则对法律信息进行定性和定量分析。实证研究分为定性分析和定量分析两大类，具体包括 4 种方法：观察、调查、文献分析、实验。①本书通过调查问卷、个案走访、参与实践研讨等多种形式获取相关数据、资料，结合实践，论证基本法理，提出制度改革与完善建言。理论一旦脱离了实践的客观现状，便成了无源之水、无本之木。司法实践的运作状况、司法工作者的认知与感悟等都是理论发展与完善不可或缺的考量因素。通过实证分析的方法，总结以经验或观察为依据升华而成认知，补益纯粹理论研究之不足，追求理论与实践的统一。

　　鉴于研究方法与研究对象的高度关联性，有必要首先就职务犯罪技术侦查的研究对象即该侦查行为的方式作出界定，同时也可避免学术界曾经在技术侦查指涉对象上的意见不一所致的纷扰。② 需要说明的是，修订后的刑事诉讼法在第 2 编第 2 章第 8 节以"技术

---

　　①　郭云忠：《法律实证研究方法及其地点选择》，载《环球法律评论》2009 年第 4 期。

　　②　根据笔者掌握的资料，在技术侦查对象上，一度十分芜杂，极不统一，甚至将凡是利用现代科技手段的侦查方法如 DNA 检测、微量物证、测谎等都视为技术侦查。

侦查"涵摄了除技术侦查以外的卧底侦查、诱惑型侦查及控制下交付等其他几种特殊侦查手段，造成了概念使用上的混乱。根据《联合国反腐败公约》第 50 条第 1 款的规定："为有效地打击腐败，各缔约国均应在其本国法律制度基本原则许可的情况下采取必要措施，允许其主管机关在其领域内酌情使用控制下交付和在其认为适当时使用诸如电子或者其他监视形式和特工行动等其他特殊手段。"显然，该款是将技术侦查与其他特殊侦查手段并列的。根据有关学理解释，技术侦查措施一般包括：电子侦听、电话监听、电子监控、秘密拍照、录像、秘密获取某些物证、邮件检查等秘密的专门技术手段。笔者认为应将刑事诉讼法中的标题"技术侦查"改为"特殊侦查"较为适宜，以利于与该标题项下的技术侦查作出区分。在技术侦查所指涉的对象上，公安部于 2012 年 12 月 3 日颁发并于 2013 年 1 月 1 日实施的《公安机关办理刑事案件程序规定》（中华人民共和国公安部令第 127 号）第 255 条规定："技术侦查措施是指由设区的市一级以上公安机关负责技术侦查的部门实施的记录监控、行踪监控、通信监控、场所监控等措施。"因此，有关职务犯罪技术侦查的具体侦查方式应为"记录监控、行踪监控、通信监控、场所监控"4 种。

第一章 侦查程序的法治化进程

——职务犯罪技术侦查基本法理的
历史审读

一、导言：方法、视角及对象

国内学界有关侦查制度历史的研究，从史料的考订，到对具体侦查行为的流变，乃至整个侦查制度演进的梳理，不乏论证详备、视界开阔的力作。但遗憾的是，由于研究方法的在先约束，见诸书刊的这些著述，立足于侦查制度自身以究明其发展历史上，尚嫌不足。原因主要在于，20世纪 50 年代之后，在废除"六法全书"，斩断伪法统的运动之下，伴随着对苏联法学的引进，"中国法学一直把阶级性作为法学的基调或者说基石，阶级性几乎成为人们观察、认识、评价法律现象的唯一视角和超稳定的定式。法学的言论、推论、结论、结构、体系，对法律资料和法律文献的收集、分析、使用，以至法学的引文方式和语言，无不围绕着'阶级性'这一中轴旋转，法学实际上成了阶级斗争学"。[①]在相当长的

---

① 张文显：《改革开放新时期的中国法理学》，载 http：//bbs. jlu. edu. cn/cgi – bin/bbstcon？ board ＝ Law&root ＝ 1069590 463，访问时间：2011 年 9 月 19 日。

时期，阶级分析法都是作为指导思想和宏观的思维框架而存在，作为法学研究具体方法的价值分析、实证分析和社会分析却是在阶级分析所揭示的基本社会结构和社会体制下运用和使用的。易言之，阶级分析方法在法学研究中处于基础性地位，指导着其他方法的正确运用。阶级分析法于法学研究中使用的泛化或因其作为指导思想存在，弊端显而易见。此种分析方法的弊病在于它不再是以法律人所具备的中立和审慎的眼光来看待分析问题，而是将纷繁复杂的所有社会关系政治化、意识形态化，在这一过程中，法学的独立的社会品质消失了，仅仅沦落为政治学的附庸。这是广受争议和批评的。与此对应的则是一种"极端历史决定论"的观点，这种历史观假定"历史预测是社会科学的主要目的，并且规定可以通过发现隐藏在历史演变下面的'规律'或'模式'或'倾向'来达到这个目的"。① 其结果，便是削弱乃至拒绝人在社会历史中的主体性地位，而听从"进化规律"或"历史连续规律"的必然性的摆布。正如托波尔斯基所认为的，极端的决定论往往会堕落成宿命论，而他在理论主张中偏向于一种适中的决定论，这种适中的决定论"指出了人类活动的一般制约关系，而不是预先决定着某一活动的确定表现形式"②。总之，在对侦查制度史的研究中，这种泛阶级主义的、极端决定论的研究范式，则将侦查制度演变的原因解释为经济基础与上层建筑之间相辅相成的互动性的结果，对作为侦查制度主体的"人"在其中的能动作用关注不足，对人类社会不同时空中侦查制度的共同特质强调不足，没有有效地揭示出侦查制度自身演变的逻辑。

① ［英］卡尔·波普尔：《历史决定论的贫困》，杜汝辑、邱仁宗译。转引自王晓林：《证伪之维——重读波普尔》，四川人民出版社1998年版，第279页。
② ［波］托波尔斯基：《历史学方法论》，张家哲、王寅等译，华夏出版社1990年版，第245页。

研究方法的局限导致了在侦查制度演进原因解释中的随大流，成了没有解释的解释。如"犯罪侦查制度是一种社会制度，是人类社会发展到一定历史阶段的产物。因此，它也是由具体的经济基础所决定的，而且是为经济基础服务的。换言之，犯罪侦查制度必须适应社会经济发展的需要，必须随着社会经济基础的发展变化而进行相应的调整和改革"。[①] 又如，"在不同国体的国家中，犯罪侦查制度的服务对象不同，其特点也自然不同。资本主义国家的犯罪侦查制度和社会主义国家的犯罪侦查制度之间必然存在差异……"[②]

笔者以为，在对犯罪行为进行侦查的过程中，如何有效地规范侦查权的运作，始终是侦查制度面临的核心问题。随着国家权力对侦查活动的介入，[③] 侦查活动又表现为公民的日常生活越来越多地受到国家权力以追诉犯罪为名的干预和侵犯。于是，为了防止国家权力的肆意扩张和滥用，设置一定的程序来规范侦查权，是立法者理所当然的选择。[④] 而这一程序的选择必须同时考虑以下两方面的因素：一方面，出于维护社会秩序和安全的需要，国家应当且必须启动侦查程序；另一方面，在国家权力和公民权利之间，后者的优位性决定了侦查权的行使不仅不能无视公民的基本人权，相反，还要以承认其享有某些基本人权为前提，使国家权力与公民权利之间保持一种必要的张力。换言之，侦查活动同样"不仅仅是一种以

---

① 何家弘编著：《外国犯罪侦查制度》，中国人民大学出版社 1995 年版，第 7 页。

② 何家弘编著：《外国犯罪侦查制度》，中国人民大学出版社 1995 年版，第 7 页。

③ 一般来说，初民社会，国家权力对诉讼的参与仅限于法庭审判（虽然审判中有对犯罪的侦查），此前的有关活动，如犯罪事实的调查、证据的收集、犯罪行为责任人的追捕等，国家权力并不介入。

④ 在西方，在旧的身份共同体关系的解体与资本主义新秩序的确立这一历史过程中，有两项制度起到了神奇的作用。一个是社会或私法领域里的契约，另一个是国家或公法领域里的程序。参见季卫东：《法治秩序的建构》，中国政法大学出版社 1999 年版，第 39 页。

恢复过去发生的事实真相为目标的认识活动，而且也包含着一种程序道德价值目标的选择和实现过程"①。故而，侦查程序的正当化与否即程序的法治化水平决定了一个国家侦查制度的法治文明化程度。因此，有关侦查制度史的研究，在研究方法上，笔者将立足于侦查制度自身的发展逻辑，以其程序法治状况为考量视角，以迄今为止人类历史上几大文明样态之一的中国和两大法系主要国家的侦查程序为考察对象，梳理既有的侦查史料，厘清程序法治在侦查制度中的发展脉络，以此折射出整个侦查制度的发展轨迹。

二、侦查权的专业化与集中化：走向程序法治

（一）合法统治的三种理想类型

马克斯·韦伯论述了合法统治的三种理想类型：合法型统治、传统型统治和魅力型统治。合法型统治是建立在相信统治者的章程所规定的制度和指令权利的合法性之上的统治，其基本范畴是：（1）一种官职事务的持续的、受规则约束的运作。（2）这种运作是在一种权限（管辖范围）之内，而权限意味着：一种根据劳动效益分工实际划定的承担劳动效益义务的领域；赋予大致为此所需要的命令的权力；明确划定可能允许的强制手段和使用强制手段的前提条件。（3）任何机构都有固定的监督和监察制度，下级机构都有权向上级机构投诉或提出异议，上级机构作出相关的处理办法。（4）包含技术性规则和其他准则的议事规则。（5）行政管理档案制度，等等。传统型统治是建立在一般地相信历来适用的传统神圣性和由传统授命实施权威的统治者的合法性之上的统治。在纯粹的类型中，传统型统治的行政管理班子缺乏按照事务规则确立的、固定的权限，固定的、合理的等级制度，通过自由契约并按照规定

---

① 陈瑞华：《刑事审判原理论》，北京大学出版社1997年版，第51页。

任命官员和按规定晋升以及专业业务培训等。传统型统治的原始类型是统治者没有个人的行政管理班子，表现为老年人政治或原始家长制，而随着统治者的纯粹个人的行政管理（和军事参谋）班子的产生，任何传统型的统治都倾向于走向世袭制度。魅力型统治则是建立在非凡的献身于一个人以及由他所默示和制定的制度神圣性，或者英雄气概，或者楷模样板之上的统治。三种理想类型中，韦伯认为，官僚体制的行政管理意味着根据知识进行统治，而纯粹的官僚体制的行政管理，因其精确、稳定、有规律、严肃紧张和可靠，因此，是实施统治形式上最合理的形式。韦伯并且指出，他所讨论的三种理想类型，在历史上没有任何一个真正以"纯粹"的形式出现过。[①] 但笔者以为，这不能否认韦伯这一理论的方法论意义。

（二）前近代时期，西方主要法治国家及中国的统治类型

大致说来，西方主要法治国家和中国，在前近代时期，主要表现为传统型统治和魅力型统治。近代以后（分别以英国光荣革命、法国大革命和中国戊戌变法所导致的制度的变更和大规模制度移植为标志），则表现为以官僚体制为表征的合法型统治（不排除其中出现的反复）。不难看出，与整个社会制度的变革相适应，侦查制度在由传统型和魅力型统治社会向合法型统治社会过渡的过程中，逐步理性化，其程序的正义即法治化水平不断提高。这首先表现在，从外部来看，犯罪侦查实现了和其他职能的分立，从附属于军事、行政、审判、检察、治安等职能发展成为由专门主体负责的活动，具有专业性独立性职能，其主体则从分散在行政官、法官、陪审员、检察官、治安官员身上发展到集中于警察机关司法警察身上。

---

① 参见［德］马克斯·韦伯：《经济与社会》（上卷），林荣远译，商务印书馆1998年版，第238页以下。

在前近代的中国，据《史记·五帝本纪》和《尚书·舜典》记载，舜时，设立了九种官职，其中皋陶任"士"，掌管兵刑，既要对付外族的入侵，又要惩罚内部成员的暴乱不轨，集军事职能、警察职能和审判职能于一身，在案件调查审判方法上，"其罪疑者，令羊触之，有罪则触，无罪则不触"。[1]

自夏至周，兵刑分职，犯罪侦查职能开始专业化。夏王朝设六卿，即后稷、司徒、秩宗、司马、士、共工。其中，司马为军事长官，士则专管刑狱。后来，士又称"理"或"大理"。商时，开始了中央和地方的两级侦查制度。西周时，中央的司法长官是"司寇"，"掌邦禁，诘奸匿，刑暴乱"。[2] 其下设士师数人，负责王畿之内刑事案件的审问裁断。此外还设有司刑、司刺、司圜、掌囚、掌戮等职，分别负责刑罚、察举、监狱、囚犯、司法行政等职责。在基层的"乡"、"遂"，分别设有乡士和遂士，负责地方狱讼的查断，遇到重大案件才"弊其讼于朝"，听司寇审查。在西周时期的一些早期法律文本中便已蕴含了对侦查的具体规定。从"西周时期《吕刑》记载看来，当时对立案、讯问、调查和证据认定都做了具体规定，特别强调办案人员必须通过察言观色的方式认真听取和仔细分析口供的真伪（'两造具备，师听五辞'）……西周产生了中国最早的验伤制度。据《礼记·月令》记载：孟秋三月，命理瞻伤、察创、视折、审判、决狱讼、必端平"。[3]

春秋战国时期，各诸侯国中出现了专司缉盗的"司隶"，有些诸侯国还出现了专门维护社会治安的"司圜"，主管巡察市井并拘捕犯禁者和盗贼者的"司稽"，负责执行宵禁的"司悟氏"，负责

---

① 王充：《论衡·是应篇》。
② 《尚书·周官》。
③ 王国民主编：《现代刑事侦查学》，中国人民公安大学出版社 2000 年版，第 13 页。

诛杀、拒捕等的"禁杀戮"等。战国时期魏国李悝制定了我国历史上第一部比较系统的封建成文法典《法经》，其中的《盗法》、《贼法》、《网法》、《捕法》等篇章都蕴含着对侦查行为在法律上的规制。

秦嬴政一统六国，"平定天下，海内为郡县，法令由一统"。此后直到清末，以皇权主义为核心的专制集权制政治体制，在历代相沿不替，其司法活动的基本特征是，行政兼理司法，司法本身是行政管理方式的一种。[①] 就侦查而言，一方面，独立的犯罪侦查主体开始出现；另一方面，侦查职能又附属于审判职能，断狱官同时负责查获证据，捉拿嫌疑。关于独立的侦查主体，以秦为例，在京师、朝廷任命管理京师治安和缉捕盗贼的官员是中尉，其下设丞、侯、司马、千人等属官。在地方的郡、县、乡、里四级行政机构中，郡尉、县尉、游徼和里典分别负责各级的治安和捕盗。此外，秦朝还设有专门的"警察"机构——亭（原是一种军事机构，后来才转化为具有警察性质的机构），一般设在驿道、关津等交通要道和街道、市场等人群集中的场所，其主要职责是查禁盗贼和维护治安。亭大概是我国历史上最早建立的军事化专门警察机构。此后，历代根据社会治安形势的变化，因革损益，于称谓上也有所不同，兹不赘述。值得一提的是宋时建立的类似今天的独立的"警察"系统——巡检司，负责全国各地及河道、驿道、边境等的巡逻、捕盗、缉私等工作，巡检司是"警察"，他们对犯罪只有缉捕权，没有审判权。值得一提的是，在侦查策略方法上，早在秦朝便完善了以审讯策略方法、犯罪现场勘查、秘密侦查手段为主要内容

---

① 　与西欧不同，古代中国在向集权制政治转变时，并未伴随着类似于后封建时期欧洲社会那种专业的法院、律师和法律理论那样的东西（由此产生了后来不同的变革契机），这是中西文明的差异所在。参见〔美〕昂格尔：《现代社会中的法律》，吴玉章、周汉华译，译林出版社 2001 年版，第 83 页以下。

的策略方法体系，如秦朝《封诊式》①中就形成了较为完备的勘查规则。在刑事技术方面，主要表现为痕迹检验和笔迹检验，如《封诊式》中就记载了对指纹、足迹的勘验。

需要注意的是，以秦为始直到清末，独立侦查主体的出现也是与巩固专制皇权、加强社会控制的要求相一致的。如从秦开始，代表皇帝纠弹百官不法以维护皇权专制的御史，就有负责调查职务犯罪的职能。明时，皇帝通过两大特务系统：由宦官组成的东厂、西厂、内行厂和由皇家卫队组成的锦衣卫来实行专制统治，"厂卫"成为凌驾于司法和治安机构之上的秘密警察组织，已是侦查主体的非常态发展。

（三）中国和西方主要法治国家向合法型统治过渡

以1840年鸦片战争为标志，东西文明的交汇使中国开始经历"二千年未有之大变局"（梁启超），1898年的"戊戌变法"则是中国追求制度现代化，向韦伯所说的官僚体制的合法型统治过渡的开始（虽然其后有多次反复）。其中，现代警察制度的确立，则是中国近代以来侦查职能专业化和集中化的标志。1898年，湖南成立了近代中国第一个警察机构——湖南保卫局。该局效仿日本东京警察厅和上海等地租界巡捕房的体制，分设机构和职能。从其内部体制来看，侦查不仅与审判而且也与治安开始分离了。1905年，清政府在中央设巡警部，下辖警政、警法、警保、警学、警务5司。与此同时，京师工巡局改为京师内、外城巡警总厅。此后，京师内、外城巡警总厅分别组建了侦缉队，以侦破杀人案、盗窃案及其他刑事案件和缉捕要犯逃犯。此外，检察官和预审推事还可以抽

---

① 于湖北省云梦县睡虎地出土的秦墓竹简《封诊式》是世界上最早的刑事侦查书籍，书中大部分内容均以案例为主，以文书格式出现，具体有审讯、犯人、抓捕、自首、惩办、勘验等方面内容。

调经验丰富的警员担任司法警察，负责案件调查、证据收集、现场勘验、逮捕押送人犯和取保传人等。天津警巡局是清政府建立的第一个地方警察机构。1907 年，清政府统一地方警察机构，各省设巡警道，各州县设巡警署，犯罪侦查都由警察部门负责。

在西方，前近代时期，古希腊和古罗马由贵族（长老）会议或民众大会负责调查案情和裁决诉讼，侦查职能从属于审判职能。另外，负责维持治安和缉捕罪犯的警察部队开始出现，行使一部分侦查职能，其警察由穷人、奴隶或异邦人担任，地位低于军人。

进入中世纪以后，在法国，公元 8 世纪末，法兰克王国的查理大帝建立了旨在加强中央权力的王室法院。公元 813 年，法兰克王国分裂为三个独立的王国，其中的法兰西王国逐渐成为西欧封建制度的中心和代表。法兰西王国的法院系统比较发达，包括国王法院、领主法院、教会法院和城市法院等。受纠问式诉讼方式的影响，法院不必经过当事人起诉便可主动调查案情并进行审判。这时的犯罪侦查已成为诉讼程序的重要组成部分，法官是侦查的主要角色。"在纠问制度之立法例，审判机关兼摄追诉之权，并无侦查与审判之分。"[1] 12 世纪初，法兰西设立了国王代理人，负责监督地方法院的审判工作。13 世纪路易九世的司法改革之后，国王代理人被正式命名为检察官，具有监督侦查、起诉的职责。1539 年，法兰西斯一世颁布敕令，首次明确规定了检察官的职责和权力。此后，检察官的权力迅速扩大。1808 年，《重罪审理法典》确定了职权分开原则，即起诉职权、预审职权与审判职权分别交由不同的机关与司法官行使。1809 年，《刑事预审法典》废除了此前由《刑法典草案》规定的控告陪审团制度，全面恢复了检察官公诉制度，检察官负责几乎全部刑事案件的侦查和起诉。不过，检察官的犯罪

① （台湾）陈朴生：《刑事诉讼法实务》（增订版），海天印刷厂有限公司 1981 年版，第 267 页。

侦查职能已在一定程度上分给了预审法官和司法警察。

关于警察制度，公元 6 世纪，巴黎地区建立了巡夜队，负责夜间巡逻和追捕罪犯，后来发展成巡警队。14 世纪，成为常设警察机构，负责某市治安并在法官的领导下搜集犯罪情报和缉捕罪犯。12 世纪时，法国还建立了直属中央的皇家宪兵队，负责全国各地主要是乡村的执法和治安工作。1699 年，国王下令组建全国的警察部队，自此，现代的警察体制逐渐建立。20 世纪初，巴黎市警察局的犯罪侦查体制经历了从集中型向分散集中结合型转化，强化了犯罪侦查的力度。与此同时，各省的地方警察组织也得到了相应的发展。1959 年，《法国刑事诉讼法典》确立了司法系统内部的"三权分立"原则，即侦查权、起诉权和审判权分属三个不同的司法机关。按规定，巡警或其他司法人员接到有关犯罪报案之后便通知司法警察，后者则报告检察官并开始工作。检察官要监督警方的侦查活动，必要时可直接领导侦查工作并参加现场勘验、搜查和审讯等活动，司法警察在抓到罪犯后便将案件交给预审法官，后者负责证据和讯问被告人，在必要时也可以重新勘查现场和询问证人，然后将案件移送检察官决定是否起诉。实践中，检察官和预审法官很少直接染指具体的案件侦破工作，司法警察已成为最主要的犯罪侦查力量。

值得一提的还有大陆法系的预审法官制度。预审法官制度最早产生于 1808 年法国的《重罪审理法典》，是纠问式诉讼制度的残余在现代刑事诉讼制度中的一种体现。法国大革命期间，民众迫切要求废除纠问式诉讼制度，采用英国的弹劾式诉讼制度。经过 1789 年 10 月的法令和 1791 年 9 月的法令，法国抛弃了传统的纠问式诉讼制度，全面引进英国的诉讼制度，设立大小陪审团，实现审判程序和审判前程序的分离，审判法官和小陪审团负责案件的实体审理，治安法官和大陪审团负责审前调查。其中，治安法官有权收集犯罪证据，查获犯罪嫌疑人，但逮捕犯罪嫌疑人必须经大陪审团批准。至此，控诉、审判、侦查及审前裁判开始分离。由于诉讼传统的差异，再加上法国大革命后社会一直动荡不安，犯罪率大幅上升，因此，法国 1801 年修正刑事诉讼法时，转而向纠问式诉讼制度复归。1808 年的《重罪审理法典》形成了法国现代刑事诉讼制度的雏形。法典关于审前阶段基本上恢复了纠问式诉讼制度，由检察官和预审法官共同负责。二者之间，预审法官既有权进行侦查，又有权决定是否实施逮捕、拘留、搜查、扣押等强制性措施，集侦查权与裁判权于一身，在实践中极易滥用权力，使犯罪嫌疑人处于十分不利的地位。其后，预审法官制度逐渐在大陆法系国家传散开来。

进入 20 世纪后，许多国家都对预审法官制度进行了改革。1926 年 12 月，德国在修正羁押法时，对预审法官的调查权进行了限制。在其后的法律修改中，又进一步废除了原《刑事诉讼法典》第 126 条关于预审法官审前调查权的规定，规定刑事案件的任务转由检察官和警察担任。在 1974 年修改刑事诉讼法时，德国又进一步规定，检察官是刑事诉讼的侦查主体，警察是检察官的辅助人员，从而最终确立了德国现行侦查制度。

在法国，早在 1879 年，就有全面修正 1808 年《重罪审理法典》的呼声，但直到 1938 年，才成立修正委员会，提出了修正草案。第二次世界大战后法国立法机关授权巴黎大学再次成立刑事诉讼法修改委员会。这次修正的基本思路是，将原《重罪审理法典》中"公诉官请求"与"预审法官审理"的权力分立模式变革为"司法警察权"与"裁判权"的权力分立模式。草案建议将侦查权交由检察官和司法警察行使，检察官为侦查权的顶点，指挥警察进行侦查活动，预审法官则全面退居监督地位，只负责审查是否应对犯罪嫌疑人适用强制侦查措施。但草案一提出，就受到激烈的批评，最后不得不将其撤回。1958 年刑事诉讼法修改中，预审法官的双重身份还是被保留下来，只是加强了对其的监督和制约。在

1993 年 1 月 4 日的修正中，改革派略占上风，通过的法律取消了预审法官批准临时羁押的权力，改由委托法官行使该项权力。但在其后 8 月 24 日的修改中，随着国民议会组成结构的变更，保守派又占据上风。1 月 4 日的修改被否定，在预审制度上恢复了以前的做法，预审法官又集侦查权和裁判权于一身，只是扩大了律师对诉讼活动的参与权，强化了预审阶段的对抗性。

1997 年，新任司法部部长伊丽莎白·基古夫人发表了关于司法改革的宣言。经过激烈争论，最终在 2000 年 6 月 15 日通过《关于加强保障无罪推定和被害人权利的法律》，其中，对预审法官制度进行了改革，决定设立自由和羁押法官，目的是削弱预审法官有时看似过大的权力，实行双重监督，进一步保障当事人的自由。自由和羁押法官负责决定或延长先行羁押，并就要求释放的请求作出决定。但预审法官已就释放被羁押人作出决定的除外，因为决定羁押需要预审法官及自由和羁押法官两名法官的同意，而释放被羁押人则只需要其中一名法官决定即可。此外，法律还赋予了自由和羁押法官一些其他权力。[①] 预审法官在其他国家的情况是，日本于 1948 年、葡萄牙于 1987 年、意大利于 1988 年先后废除了预审制度（目前，只有欧洲大陆少数国家，如比利时、荷兰、西班牙等还保留着预审法官领导侦查的制度）。

预审法官制度的产生、发展乃至逐步萎缩，从另一个侧面印证了侦查权的专业化和集中化的发展趋势。

在英国，1066 年，诺曼底公爵威廉率军征服了不列颠群岛并建立了统一的英吉利王国。"普通法是在英格兰被诺曼人征服后的几个世纪里，英格兰政府逐渐走向中央集权和特殊化的进程中，行

---

① 赵海峰主编：《欧洲法通讯》第 1 辑，法律出版社 2001 年版，第 156 页以下。

政权力全面胜利的一种副产品。"①"征服者威廉"决定用英国的法律来统治英国人，因此，欧洲大陆上的法律制度与英国法律传统的结合是以英国的普通法为基础的。就侦查制度来看，概略言之，有三条发展演变的规律：一是从民众侦查发展到官方侦查。如早期的"十户联邦制"和大陪审团都属于民众的"自侦自查"；警务官和验尸官也只是半官方的侦查；治安法官、检察官和近代正规警察才属于官方侦查。二是从业余侦查发展到专业侦查。早期的十户长、百户长、警务官、郡长、大陪审团乃至治安法官等都具有业余侦查人员的性质。1750 年，被誉为"英国小说之父"的亨利·菲尔丁创建了英国历史上第一个专业侦查机构——鲍街侦缉队，其队员经常化装到盗贼聚集的地方去侦查和搜集情报，罪犯抓到后，送交菲尔丁进行审讯。鲍街侦缉队的建立，标志着专业侦查的开始，而正规警察机构的建立则是专业侦查发展的保障。三是从职能分散的侦查发展到职能集中的侦查。古代的警务官、大陪审团、验尸官、治安法官、检察官都曾具有一定的犯罪侦查职能，但是，随着社会的发展，警务官和大陪审团已退出历史舞台。18 世纪，大陪审团在刑事诉讼中扮演了很重要的角色，其职能实际上包括现在的侦查、预审和起诉。19 世纪以后，大陪审团只剩下预审职能。20 世纪初，治安法官又逐渐接替了大陪审团的预审职能。1948 年，大陪审团彻底退出了历史舞台。治安法官和检察官不再参与侦查而分别负担预审和起诉，验尸官和私人侦探也仅在某些领域内辅助侦查，于是侦查职能便集中于警察一身。②英国 1829 年议会两院通过《大伦敦警察法》，授权内政大臣组建大伦敦警察厅也就是"苏格兰场"，

---

① ［英］S. F. C. 密尔松：《普通法的历史基础》，李显冬、高翔等译，中国大百科全书出版社 1999 年版，第 3 页。

② 需要说明的是，英国没有全国统一的警察机关，且警察机关内部则有不同的职司，但所有的警察必须遵守统一的法律，如《1984 年警察与刑事证据法》即为通行规则。参见孙长永：《侦查程序与人权》，中国方正出版社 2000 年版，第 51 页以下。

标志着近现代正规警察的诞生，并于 1842 年成立便衣警察侦缉队。而现代警察之父罗伯特·比尔亲自制定《警察训令》，规定警察在行使侦查权时必须严格遵守"正当程序"。

两大法系的其他国家在侦查职能的专业化和集中化上，也有着相同的发展历程，限于篇幅，略而不论。

回到韦伯关于社会统治的理想类型中，侦查职能的专业化和集中化，从控权的角度看，则是使侦查权的运作在"一种权限（管辖范围）之内"（韦伯），这种"事归于一"的运作方式，确保了只有相应的主体才有相应的权限。也就是说，对侦查权的控制有了初始意义上的程序保障。这既保证了侦查权的权威性，促成社会公众对其权威性的认同，也使规范和监督侦查行为有了确定的对象，为实现最大限度的程序正义打下了基础。

三、侦查权的规范化及内部监督机制的建立：程序法治的进一步彰显

规范侦查权及对其实行内部监督，在前近代时期即已开始。在中国，周朝时，就规定了五声听狱讼，即"辞听（观其出言，不直则烦），色听（观其颜色，不直则赧），气听（观其气息，不直则喘），耳听（观其听聆，不直则惑），目听（观其眸子，不直则眊）"。[1] 在对待口供的问题上，要求"听狱之两辞"。关于刑讯逼供（不仅拷讯被告，也包括证人），则要求"仲春之月……毋肆掠，止狱讼"，[2] 以不妨碍农业生产。在监督制约机制上，有自商朝即有的审转（而非审级）制度。以中央为例，"成狱辞，史以狱成告于正，正听之；正以狱成告于大司寇。大司寇听之棘木之下；大司寇以狱之成告于王，王命三公参听之；三公以狱之成告于王，

---

[1] 《周礼·秋官·小司寇》。
[2] 《礼记·月令》。

王三又，然后制刑"。① 还有对法官法律责任的规定："五罚不服，正于五过；五过之疵，惟官，惟反、惟内，惟货、惟来。"犯者，"其罪惟钧"。② 上述制度在以后的王朝中都延续下来。例如，根据《唐律·断狱律》，对反复审问和验证而不供认者，可进行拷囚，但拷囚不得超过 3 次，每次应间隔 20 天，总数不能超过 200 杖；杖罪以下不得过所犯笞、杖之数，拷满上述标准犯人仍不招供认罪，则须取保放免。如拷过三度，虽然总杖数未超过 200，主司也要受到杖 100 的处分。如刑讯杖数超过 200 或超过本罪，依律主司应"反坐所剩"，即以超过之数反坐；若致罪囚死亡，主司要判处徒刑 2 年。此外，对于有特定身份的人或者老幼笃疾及怀孕期间和产后不满百日的妇女，都不得进行拷问。值得一提的是，中国古代很早就有了有关查证和勘验查封等的规定。根据秦《封诊式》记载，案件发生后，当地的里典要把司法机关决定受理案件的被告人的姓名、身份、籍贯、有无前科、是否判刑或赦免等事项写成书面报告。县司法机关接受案件以后，通常是县丞"即令令史"前往调查或勘验，作出笔录，叫"爰书"。需要查封的还要查封，叫"封守"，封守要有详细记录。宋时，官府设有专门的勘验官并制有详细的勘验模式，南宋时还颁布了《检验条目》，重视对犯罪现场的勘验和取证。这在客观上推动了如宋慈的《洗冤集录》等法医学著作的出现。

在西方的前近代中，对于侦查权也作了规范。如英国，对大小陪审团职责逐渐有了分工，使大陪审团专司调查与起诉。1194 年，治安法院法令明确规定各郡设立验尸官一职，以负责保卫国王财产和调查暴力死亡、非自然死亡和狱中死亡等。在法国，案件调查分为一般侦查和特殊侦查两个阶段，由法官亲自主持。前者是收集证

---

① 《礼记·王制》。
② 《尚书·吕刑》。

据和确定被告人，后者是审查证据和讯问被告人。在检察官制度上，13世纪路易九世的司法改革之后，检察官的职责得到明确，即代表国王监督地方的行政和司法官员，代表国王对犯罪进行侦查和起诉，包括收集犯罪情报、批准起诉和参与对被告人的审讯。14世纪后期，国王还设立了检察长的职务，以便协调各检察官的工作。在实践中，只要法官或检察官认为某行为属于犯罪，即可开始对之进行调查，具体的调查由检察官负责。调查结束之后，检察官要提出调查结论。如果认定被告人有罪，还要制作控告书，控告书中应包括量刑建议。在德国，1532年德意志帝国国会通过了著名的《加洛林法典》，在有关犯罪侦查制度上规定，以职业法官代替业余的陪审官，使犯罪侦查的主体由业余审判人员转化为专职审判人员。法典用纠问式诉讼代替控告式诉讼，法官在案件调查和审判中扮演了积极主动的角色，他们主动追查犯罪行为，在讯问被告人时广泛使用刑讯逼供。不过，法典对刑讯的条件和程序作了明确规定，使其有规则可依。

不妨将视角移转至近代以后的中国，风雨飘摇中的清政府，迫于激变的时局，下旨"参酌各国法律，悉心考订，妥为拟议，务期中外通行，有裨治理"，开始了变法修律运动。侦查制度的法制化也正是在这一时代大背景之下产生并发展的。中国近代侦查法制化的萌芽始于清宣统二年（1910年）。《大清刑事诉讼律草案》首次在中国法律制度中明确提出"侦查"一词。该草案第一编"总则"的第三章为诉讼行为，下设第三节"检证、搜索、扣押及保管"对主要侦查行为进行规定；在第二编第一审中以"侦查处分"作为第二节。但是本法律草案还没来得及颁行实施，武昌城内的一声枪响，便使得清政府艰难维系的统治大厦轰然倒塌。自然，该部法律草案也便随着清政府的倒台而不了了之。但是，沈家本主持下的清末修律却开启了中国法制迈入近代化的大门。同时，这场修律运动引进的一些西方诉讼理念和近代的侦查制度、程序，对后世侦查制度的法治化产生了深远影响。随着清代修律的启动，中华法系开始解体，包括侦查制度在内的法律制度进入了以西方主要是大陆法系法制为模板的全面模仿和移植阶段，其侦查制度的变化可以存而不论。

在西方，近代以后，经过启蒙运动，天赋人权思想、社会契约理论、人道主义观念等洗礼，民主法治理念逐渐深入人心，法治国家原则、人权保障思想等被民众广泛接受，并逐渐融入当时的立法之中。在刑事法律中，1764年，意大利刑事古典学派创始人贝卡利亚的名著《论犯罪与刑罚》出版。贝氏在书中深刻揭露了旧的刑事制度的蒙昧主义本质，鼓吹人道主义的刑事法律，对刑讯逼供和死刑进行了愤怒的谴责。贝氏在书中指出："在法官判决之前，一个人是不能被称为罪犯的。只要还不能断定他已经侵犯了给予他公共保护的契约，社会就不能取消对他的公共保护。"刑讯必然造成这样一种奇怪的后果："无辜者处于比罪犯更坏的境地。尽管二者都受到折磨，前者却是进退维谷；他或者承认犯罪，接受惩罚，或者在屈受刑讯后，被宣布无罪。但罪犯的情况则对自己有利，当他强忍痛苦而最终被无罪释放时，他就把较重的刑罚改变成较轻的刑罚。所以，无辜者只有倒霉，罪犯则能占便宜。"① 此后，刑事程序法治思想和保护犯罪嫌疑人、被告人的诉讼权利的思想及相关原则逐渐深入人心②，这为刑事法律的研究开启了新的篇章。

---

① ［意］贝卡利亚：《论犯罪与刑罚》，黄风译，中国大百科全书出版社1993年版，第31、33页。在法国，孟德斯鸠和当时的总检察长塞尔万都起来严词抨击刑讯拷打以及诉讼程序所导致的不平等，尤其是对专断行为提出了有力的批判。

② 英美法系向来以强调"程序正当"著称，并以改良主义为其变革之路。在英国，1215年的《自由大宪章》作出规定，非经合法判决，或依据英国法律，不得逮捕、拘禁英国之任何自由人民或剥夺其所有的土地，或取消其所享有的自由权等。1627年的《权利请愿书》重申了这一规定。这些制度及思想也对大陆法系国家产生了影响。孟德斯鸠即赞赏以英国法律制度作为法院组织法及刑事诉讼程序的模范。

在大陆法系国家，自法国 1808 年《重罪审理法典》以后，侦查程序就一直是刑事诉讼法典的重要组成部分，对侦查权行使的规范和监督逐渐加强。以法国为例，法律确认，被告人自第一次至预审法官前到案开始即可得到诉讼辅佐人的协助。预审不再是在被告人不知情的情况下进行。诉讼辅佐人则可以按照规定接触诉讼案卷中的所有材料，可以提出建议，在对质时，可以要求向证人提出问题。1957 年，《刑事诉讼法典》颁布，法典在前三编对有关司法警察组织、初步调查、拘留以及在现行犯情况下的权力作了规定，目的是避免警察的过火行为。法典生效至今，一直都在作修改，目标之一就是更好地保护公民的权利，其中很多是有关侦查措施的改革。在英美法系国家，随着诉讼实践的发展，自 20 世纪中后期开始，逐渐将警察侦查活动纳入刑事诉讼的研究范围，并加强了对警察侦查活动的程序控制。英国《1984 年警察与刑事证据法》以及据此制定的《实践法典》，第一次为警察权力和犯罪嫌疑人权利提供了一个详细的法律框架。《1985 年犯罪起诉法》则改变了长期由警察负责刑事案件起诉工作的传统，成立了国家起诉机关 CPS（Crown Prosecution Service），负责英格兰和威尔士的大部分起诉工作。在美国，有关警察侦查活动的规则主要是由联邦最高法院因强调保障犯罪嫌疑人的宪法性权利，通过判例确立起来的。1961 年，联邦最高法院通过 Mapp v. Ohio（1961）案[①]正式确立了非法侦查、扣押所得的证据不得采纳的"非法证据排除规则"，从而以排除非法搜查、扣押的证据这一惩罚性手段，强制要求各州的侦查活动遵守宪法第四修正案。1966 年，在 Miranda v. Arizona 一案中，联邦最高法院进一步对警察讯问犯罪嫌疑人及犯罪嫌疑人在侦查阶段所享有的宪法性权利作出明确规定。此后，通过判例，逐步构筑了美国刑事审前活动所必须遵守的最低标准。

---

① 367 U. S. 643（1961）.

由于刑事诉讼内在规律的作用，两大法系刑事审判前程序（包括侦查程序）呈现出某些相互吸收与融合的趋势。目前，两大法系共同遵守以下 5 条规范侦查权的原则：（1）任意侦查原则。即凡侦查活动应当尽可能采取任意侦查的方式，强制侦查只有在法律规定的例外情形下才能使用。其最重要的表现是彻底否定嫌疑人的"供述义务"，禁止以物理强制和精神强制的方法对嫌疑人进行讯问，以逼取口供。（2）强制侦查法定原则。即只有符合法律规定的实体要件和程序要件，并且一般应当经法官事先批准才能进行的侦查。在英美法及日本法中，表现为"令状原则"（令状主义，下文将进一步述及）。在大陆法系国家，传统上对于强制侦查的控制主要是通过成文法对侦查行为的实体要件、程序要件及实施程序作出规定，对涉及人身自由的强制措施还设有一定的期限限制。（3）必要性原则（又称比例原则或相应性原则）。即不论是强制侦查，还是任意侦查，都必须与案件的情况相适应，控制在必要限度内。（4）秘密原则。侦查机关不得以违反侦查目的的方式把侦查的情况向嫌疑人泄露，侦查机关及有关知情人也不得对外泄露侦查情况以及侦查过程中了解到的情况，除非法律另有规定或经权利人同意或者法官批准。（5）被动型侦查为主、主动型侦查为辅的原则。[①] 前者主要是一种"回应型侦查"，后者则包括"监控型侦查"和"诱惑型侦查"两类。

在侦查权的内部监督上，目前，英美法系主要是建立了对侦查主体——警察机关（英）或警察与检察机关（美）——的内部惩戒机制，如警察惩戒委员会。在大陆法系国家，除了有警察机关内部的监督，还有检察机关对警察的指挥和监督。以法国为例，刑法典规定司法警察在实施司法行为时可能的犯罪种类，如非法拘禁罪、暴力罪等。司法警察的某一成员不按规定办案，受到这种行为

---

① 参见孙长永：《侦查程序与人权》，中国方正出版社 2000 年版，第 23 页以下。

损害的人，还可以向民事法院提出诉讼。法律准许检察长依据其监视权对不履行义务的司法警察成员自行宣告制裁，并收回其原来给予该成员的职权与资格。也可以提请其行政长官或上诉法院起诉庭给予纪律处分，等等。日本法律明确规定了检察官对于司法警察职员的三种权力，即一般指示权、一般指挥权和具体指挥权。[①] 司法警察职员对于检察官的上述指示指挥，必须服从；无正当理由不服从的，各级检察长认为必要时，可以要求公安委员会或（特别司法警察职员）主管部门提出处分或罢免的追诉，上述有关部门则根据规定对受追诉人进行惩戒或罢免。

侦查权的规范化及其内部监督制约机制的建立，目的就在于防止因侦查权的恣意行使而造成的滥用、误用。通过将侦查权的权威性转化为程序上的正当性，不仅实现了前文所说的社会公众对侦查权权威性的认同，也在国家权力与公民权益之间划定了界限，维持了二者之间必须保有的张力。但同时也要看到，这种规范和监督的有效性取决于侦查权主体的自律，否则形同虚设。纵然是大陆法系国家的检察监督，也因侦诉目的的一致性而很难保证监督的有效性。世界各国出现的司法警察滥用侦查权的事实已足以说明这一点。因此，侦查权的规范及内部监督机制的建立，对实现侦查程序的正义仅具有有限的意义，是在侦查程序的法治化进程中迈出了有限的一大步。

四、司法权的介入及犯罪嫌疑人防御权的赋予：程序法治的基本实现

从侦查权的专业化与集中化，到对侦查权的规范及内部监督机制的建立，侦查程序的正义在一定程度上得到实现，符合侦查制度法治化的发展逻辑。但如前文所述，这种"体制内"的程序正义

---

① 参见孙长永：《侦查程序与人权》，中国方正出版社 2000 年版，第 23 页以下。

保障机制所发挥的作用是有限的。要想进一步实现侦查制度的程序正义，必须借助分权理论，从外部寻求制度支持和制约因素。司法权的介入以及与此紧密相关的犯罪嫌疑人防御权的赋予，正是因应实现侦查程序法治化的需要而产生的。

前近代时期，由于侦查、起诉和审判合为一体，犯罪嫌疑人或被告人仅是国家治罪活动的客体，所以，并无司法审查制度及犯罪嫌疑人防御权等项制度的存在。① 近现代以来，随着现代法治思想、人权保障及程序正义理论研究的深入，尤其是随着侦查构造理论研究的深化，② 侦查程序中的司法审查制度开始建立并逐渐完备，与此相关的犯罪嫌疑人防御权也逐步充实。

在司法审查上，凡是进行强制侦查的，一般都应当得到法官的批准。但大陆法系国家对于侦查行为的干预主要表现为事先的批准，而不是事后的审查，属于一种"静态抑制"。不过，20世纪中期以后，大陆法系开始借鉴英美法的一些做法（如扩大保释适用范围、对羁押实行定期复查等），加强了对强制侦查的事后审查。英美法系国家对强制侦查的控制则是以"动态抑制"的方式，不仅原则上必须事先经过法官批准，要求令状本身必须具备"特定性"（即具体指明令状适用的人或物、时间、根据等，以区别于"一般令状"），而且在执行令状后仍要受到法官审查。事后审查包

---

① 虽然，如中国古代，有案件在州、府、县之间流转的审转制度，定期审查羁押犯罪人以决定是否减刑或释放的录囚制度，以及犯人要求复审的乞鞠制度等，都能对当时的刑事司法起到一定的制衡作用，但与这里所说的司法审查、救济等有本质的区别。不过，存在于英国法中的令状制度却是人身保护令制度形成的直接渊源，这是普通法改良主义特征使然。

② "侦查构造论"是借用诉讼构造的原理把侦查置于整个刑事程序中，对侦查程序中的相互关系加以系统考察的理论。从理论上看，关于侦查构造比较定型化的学说有三种，即纠问式侦查观、弹劾式侦查观和诉讼式侦查观。参见孙长永：《侦查程序与人权》，中国方正出版社2000年版，第10～14页；［日］田口守一：《刑事诉讼法》，刘迪等译，法律出版社2000年版，第24页以下。

括职权复查、上诉复查、审判复查、申诉复查和人权申诉复查等不同层次，反映了对侦查程序司法审查的广泛性。其中，上诉复查、申诉复查和人权申诉复查又与犯罪嫌疑人防御权的行使关系密切。犯罪嫌疑人在侦查阶段的防御权主要有：沉默权、辩护权、会见权、开示逮捕理由请求权、取消追捕请求权、保全证据请求权、不服申诉权等。限于篇幅和资料，以下试就人身保护令制度和沉默权制度的发展沿革作一评述。

人身保护令是一种法官要求政府说明拘禁某一公民的理由，以对其是否合法进行审查的一种命令。其英文"Habeas Corpus"是一个拉丁术语，意思是"要有身体"。历史上的令状曾被用来强迫一个人到法院出庭。首例囚犯运用令状要求法院审查监禁原因的案件发生于1340年。17世纪，英国法律的发展使人身保护令状的运用作为审查非法拘禁的正当程序的一部分得到法律的确认，成为一种保护个人自由的工具。1679年的《英国人身保护修正法》对人身保护令制度从程序上进行了完善。该法规定：人身保护令可以向王座法院、高等法院、大法官法院或理财法院提出申请；根据刑事诉讼中被告人或其辩护人的申请，大法官或任何上级法院法官都应发布人身保护令从而将被告交保释放；实施监禁的机关必须在20天内将该被告移交法庭；对被释放的人不得以同样的罪行加以监禁；任何人都不得被送到苏格兰、爱尔兰或海外殖民地进行监禁。现在，人身保护令已成为刑事诉讼中被非法剥夺个人自由的犯罪嫌疑人、被告人以及罪犯的一项重要救济手段。按照英国现行法律的规定，在侦查程序中，如果犯罪嫌疑人认为警察和治安法官对自己采取的羁押措施是非法的，他有权向高等法院申请人身保护令。高等法院接受申请后，将举行由控辩双方同时参加的法庭审判，经过辩论，对羁押的合法性作出裁决。

美国在独立战争前，人身保护令就作为普通法的一项重要制度移植到了美洲殖民地，而且在司法实践中经常被援引为进行人身保护的法律依据。独立战争胜利后，这一制度作为保护公民自由的一项重要制度得以保留。根据《美国宪法》，只有叛乱或侵略时人身保护令状才可能被中止。在 19 世纪 60 年代以前，一直只有被联邦当局处置的个人才可能获得联邦人身保护令。另外，被宣告有罪的被告人发现令状并无多大帮助，即不管审判法院的程序产生了多大的错误和多么的不公平，只要被告人已被正式审判和判决，令状就不能起到救济的作用。

但从 1867 年开始，这种情况得以改变。当时，国会担忧以前结盟的一些州内存在歧视性地运用刑事司法制度反对获得自由的奴隶的潜在可能。于 1867 年制定了经过修改的《人身保护令状制定法》，为州囚犯寻求反对处理他们的当局提供了救济。尽管 1867 年的法案次年就被修改，再一次规定了联邦人身保护令状的范围，但最高法院仍旧对人身保护令状的能否获得加以限制。到 1915 年，联邦保护令状作为间接攻击的工具，被用来反对以侵犯宪法权利为由对囚犯的关押。人身保护令状的运用逐渐演变发展，以至于触犯《美国宪法》规定被羁押的任何人都能通过人身保护令状而对拘押提出异议。其后，大约 30 个州也制定了人身保护令状法律，通过州法院并以此表示不服拘押。[①]

沉默权是指犯罪嫌疑人和刑事被告人在整个刑事诉讼过程中对来自官方的提问有拒绝回答或完全保持沉默的权利，沉默以及对于具体问题的拒绝回答原则上不得作为不利于嫌疑人和被告人有罪的根据，以物理强制或者精神强制等方法侵害这一权利所获得的陈

---

① 参见［美］爱伦·豪坦斯泰勒·斯黛丽、南布·弗兰克：《美国刑事法院诉讼程序》，陈卫东、徐美君译，中国人民大学出版社 2002 年版，第 612 页以下。

述，不得作为指控陈述人有罪的证据使用。① 沉默权与"反对自我归罪的特权"既有密切的联系，又有一定的区别，后者系指任何人对可能使自己受到刑事追究的事项有权不向当局陈述，不得以强制程序或者强制方法迫使任何人供认自己的罪行或者接受刑事审判时充当不利于自己的证人。二者的区别在于：沉默权是以否定一切陈述义务为前提的，它意味着知情人、犯罪嫌疑人和被告人可以拒绝回答一切提问，也可以决定不为自己作证或辩解，而且无须说明理由。反对自我归罪的特权则是以有陈述或作证义务为前提的，只有对可能使自己受到刑事追究的问题才能拒绝回答，因而必须针对具体问题分别主张权利，并附具理由予以说明。

现代刑事诉讼中的沉默权产生于英国，其起源可溯及 17 世纪的李尔本案件。在该案中，李尔本被控走私煽动叛乱的书籍，但他否认被指控的犯罪，同时以自己不伤害自己为由，在法院审讯时拒绝宣誓和供述，因而被法院定罪处刑。英国议会两院均认为对李尔本的判决违法并予以撤销，同时禁止在刑事案件中要求被告宣誓作证。1848 年的《约翰杰维斯法》规定，嫌疑人必须被告知在审判前的调查程序中有权拒绝回答问题，并且得到警告，嫌疑人于审前侦讯中所作的回答可以在审判中用作不利于他的证据。1912 年首次制定并经后来多次修改的"法官规则"，再次确认警察审讯嫌疑人之前必须事先告知沉默权的规定。值得注意的是，1988 年，为

---

① 广义上讲，沉默权包括以下 6 项内容：（1）任何人有权拒绝回答其他人或机构的提问，不受强制；（2）任何人有权拒绝回答可能自陷于罪的问题，不受强制；（3）任何人因受到犯罪嫌疑而被警察或者其他有同等管辖权的官员讯问时，有权拒绝回答任何问题不受强制；（4）任何刑事被告人在接受审判时不得被强制作证或者在被告人席上回答提问；（5）任何人一旦受到刑事指控，警察或者其他有同等管辖权的官员不得再就有关被控犯罪的重要事项对他进行讯问；（6）被告人不得因在审判前没有回答有关官员的提问或者在审判中没有提供证据而受到不利评论和推论（至少原则上是这样）。参见孙长永：《侦查程序与人权》，中国方正出版社 2000 年版，第 278 页。

打击北爱尔兰恐怖犯罪，英国在《刑事证据令》中，对沉默权作出具体限制。1994 年的《刑事审判与公共秩序法》则将有关北爱尔兰的规定略加修改后推广适用于不列颠本土。1998 年，在《刑事审判（恐怖与密谋）法》中，对于恐怖犯罪中的沉默权作了进一步限制。但是，可以肯定，由于受"欧洲人权公约的限制，再加上英国法注重情理的衡平传统和尊重个人权利强调正当程序的法律精神，以及其他条件的制约，对沉默权的限制不致走向极端"。①

在美国，出于清教徒的反叛精神以及对殖民地英国法院反抗的态度，殖民地时期即在有关的人权宣言中宣扬沉默权，并基于同样的原因，把沉默权上升为宪法权利，到 18 世纪 80 年代，已经在九个州的宪法中规定了"反对自我归罪的特权"，作为各自以弗吉尼亚《人权宣言》为蓝本制定的人权法案的固有组成部分。第一届国会根据麦迪逊的提议把这一特权写入人权法案第五修正案，规定："任何人……在刑事案件中，都不得被迫成为不利于自己的证人。"1966 年，美国联邦最高法院作出判决，将第五修正案的反对自我归罪的特权延伸到警察讯问犯罪嫌疑人的过程中，形成了著名的"米兰达规则"。

在大陆法系国家，现代法国刑事诉讼法中，任何人都没有义务自证其罪或提供不利于自己的证据已经成为一项基本原则。除有关身份事项外，被追诉者没有必须回答警察、检察官或者预审法官提问的义务，在审判中也可以根据本人意愿保持沉默，无须担心会因此而受到处罚。1993 年修改后的《法国刑事诉讼法》第 116 条规定："预审法官应当告知被审查人，未经其本人同意，不得对他进行讯问。"德国在 1848 年之后导入法国式的"经过改革的刑事

---

① 参见龙宗智：《相对合理主义》，中国政法大学出版社 1999 年版，第 423 页。孙长永：《沉默权制度研究》，法律出版社 2001 年版，第 11 页以下。

诉讼法"，规定被告人是当事人，因而在法律上不再有"供述的义务"。然而，在司法实务中，通过"讯问技术"施加"精神上的拷问"的做法并没有绝迹。1950 年，基于纳粹统治的沉痛教训，按照《联邦基本法》关于保障人格尊严的要求，增设《刑事诉讼法》第 136 条，使沉默权在德国真正成为一项有宪法基础和实际效果的制度。

司法审查的程序性结果是①，在英美法中，有非法证据排除规则、撤销起诉制度以及推翻原审有罪裁决制度等，使得警察违法所得的证据不具有可采性。在大陆法系国家，则确立了诉讼行为的无效制度，对警察、检察官等的违反法律程序的行为，经过利害关系人的申请，由法院宣告为无效行为，不产生任何法律效果。《意大利刑事诉讼法》对可被宣告无效的诉讼行为的规定采取的是明确列举的方式。在意大利，共有近 40 种诉讼行为，如果当事人认为违反了法律的规定，可以申请法院宣告无效。在美国，辩护方在审前阶段可以申请法院对控方被认为非法的证据予以排除。这一申请通常在审前动议程序中提出，法院在接受辩护方的申请后，将确定一个日期举行听审，听审是开庭进行的，法官在听取控辩双方的辩论后作出是否予以排除的裁决。

总之，"对于国家权力，必须进行划分和限制，同时，对于公民，必须给予他可以要求法院审查的权利；以这种双重方式，使公民不仅在国家权力的强制性侵犯面前得到保护，而且还在任何的，也就是说包括国家权力对其权利的非强制性侵犯面前得到保护"。②

---

① 侦查程序中警、检方的违法行为，还需承担相应的实体责任，如警察在刑事侦查中采取了刑讯逼供行为，造成犯罪嫌疑人的人身伤亡后果的，就可能构成刑讯逼供罪，受到刑事处分，而"超期羁押"，则可能受到行政纪律处分。可参见陈瑞华：《问题与主义之间——刑事诉讼基本问题研究》相关章节，中国人民大学出版社 2003 年版。

② ［德］约阿希姆·赫尔曼：《〈德国刑事诉讼法典〉中译本引言》，李昌珂译，中国政法大学出版社 1995 年版，第 6 页。

由于国家掌握着强大的追诉权，并拥有雄厚的司法资源，因此，控辩双方的力量天然不对等，而司法权的介入和犯罪嫌疑人防御权的赋予，则使侦查程序走向了诉讼模式，改变了被追诉方和追诉机关之间不对等的法律地位，有利于遏制侦查权的滥用，弥补被追诉方在诉讼能力上的天然不足。这样，从侦查权行使的专业化和集中化，到侦查权的规范化乃至内部监督制约机制的建立，再到司法权的介入和犯罪嫌疑人防御权的赋予，侦查程序正义得以最终实现：一方面，作为侦查权行使主体的国家追诉机关的权限不断受到抑制和监督并最终走向规范化；另一方面，犯罪嫌疑人由作为追诉对象的纯然客体地位而走向作为对立的一极，成为侦查程序中与国家权力相抗衡的一方主体，尽管其客体的属性依然存在，但其所具有的主体地位已不可否认。

五、刑事诉讼原则的宪法化和国际化：侦查程序法治的不断完善

"刑事程序的历史，清楚地反映出国家观念从封建国家经过专制国家直到宪政国家的发展转变过程。"[1] 英国学者斯蒂戈说："刑事诉讼体制具有某种宪法意义；该体制的实际运作，为检验一个社会内部的公正程度和个人与国家之间关系的公正程度提供了标准。""刑事诉讼程序不但事关当事人之间的公正——它还是法律不仅约束着个人，而且也约束着国家这一（法治）理想的直接体现。"[2] 换一个角度来说则是，宪法制度中法律秩序、司法制度、政治体制等的法治化程度也将影响到刑事诉讼的法治化水平。正是由于刑事诉讼与宪法有着如此紧密的关系，涉及限制、剥夺公民的

---

[1]　［德］拉德布鲁赫：《法学导论》，米健、朱林译，中国大百科全书出版社1997年版，第120页。

[2]　Steve Uglow, Criminal Justice, Sweet & Maxwell Limited 1995, pp. 25 – 27.

自由、财产甚至生命等公民的基本权利，因此，各国无不从宪法的高度对刑事程序及其相关制度作出规定。其中，最为典型的是《美国联邦宪法》，在其前十条修正案组成的权利法案中，有四条（第四条、第五条、第六条、第八条）直接与刑事诉讼程序有关。其中第五修正案规定的"非经正当程序，任何人不得被剥夺生命、自由或财产"，确立了"正当法律程序"的基本原则，成为程序法的精髓。1868 年，第十四修正案规定："没有正当程序，任何州都不能剥夺任何人的生命、自由或财产。"至此，如果最高法院在联邦诉讼中实施一定的宪法规定的程序，那么各州也须按相同的标准。第二次世界大战以后，《德国宪法》（德意志联邦共和国基本法）强调了对于公民基本权利的保护，第 93 条规定，任何个人只要声称他的基本权利受到公共权力的侵犯都可以提出违宪的申诉。《宪法》第 1 条至第 19 条明示的一般人权和《宪法》第 101 条、第 103 条及第 104 条包括的特定的即所谓司法上的基本权利，界定了一个人道而公正的刑事诉讼程序。作为可直接适用的法律，《基本法》第 1 条第 3 款约束所有州当局不得侵犯这些基本权利。对以上权利的侵犯，可以上诉到联邦宪法法院，该法院的许多判决都对刑事诉讼产生了影响。刑事法院必须对基本权利进行维护，并根据基本法解释刑事诉讼法典里的个别条款。[①] 在日本，明治宪法中关于刑事程序的条目只有 3 条。第二次世界大战结束后，根据有关国际协议，日本重新制定了宪法。现行宪法中，关于刑事程序的条目有 10 条之多（《宪法》第 31 条至第 40 条）。而且，刑事诉讼法必须根据最高法规的宪法规范解释、运用。刑事诉讼法被称为"应用性宪法"，是"宪法性的刑事诉讼法"。"它表示了这样一种价值判断，即在保障人权与必罚主义相互冲突时，宪法要求的保障人权

---

① 参见宋冰编：《读本：美国与德国的司法制度及司法程序》，中国政法大学出版社 1998 年版，第 364 页。

应该优先"。①

刑事诉讼的宪法化，增强了刑事诉讼制度的刚性，使诉讼过程包括侦查程序中的人权保障有了坚实的基础，是对已有的诉讼法治化水平的进一步完善，而促成刑事诉讼保障人权价值目标实现的，还有国际性刑事司法准则。

1955 年 8 月，第一届联合国预防犯罪和罪犯待遇大会召开，这是联合国在预防犯罪和刑事司法领域中发挥主导作用的开端。目前，联合国涉及刑事诉讼程序的规范性文件主要有：由《联合国宪章》、《世界人权宣言》及《公民权利和政治权利国际公约》等构成的关于刑事司法的根本性规则体系；关于囚犯待遇、非拘禁措施、刑罚和少年待遇的联合国准则体系，主要有《囚犯待遇最低限度标准准则》、"禁止酷刑的公约和宣言"、《联合国非拘禁措施最低限度标准准则》、《联合国少年司法最低限度标准准则》；关于执法、司法机关和官员及律师守则的联合国准则体系，包括《执法人员行为准则》、《执法人员行为守则的有效执行准则》、《执法人员使用武力和火器的基本原则》、《关于检察官作用的准则》、《关于律师作用的基本原则》、《保护所有遭受任何形式拘留或监禁的人的原则》等，形成了相当发达的刑事司法准则体系，为促使世界各国在行使刑事司法中保障司法公正、维护人权提供了"最低限度标准规则"。据联合国公布的统计数字，截至 1995 年 6 月底，已经有 132 个国家加入了《经济、社会、文化权利国际公约》，有 131 个国家加入了《公民权利和政治权利国际公约》。

在联合国刑事司法准则体系中，与侦查程序相关的，主要是关于审前羁押和刑事辩护制度等准则。审前羁押的准则包括审前羁押中的程序和待遇两方面内容。其中，程序内容有：（1）禁止任意和非法的羁押。逮捕和羁押不得任意进行，实施逮捕和羁押必须有

---

①　［日］田口守一：《刑事诉讼法》，刘迪等译，法律出版社 2000 年版，第 3 页。

理由并且按照法律规定的程序进行。羁押必须在某种司法机关的监督下进行，羁押必须被一个司法机关或有权机关授权或在其有效的控制之下。（2）享有被通知羁押理由的权利。任何被逮捕和羁押的人都有权在逮捕后的短时间内被告知原因。通知被羁押者被逮捕和拘留的原因不应是简单的，而应该告知其作出这种决定的法律及事实的根据。（3）被及时带到司法机关的权利。（4）被暂时释放等待审判的权利，对受到刑事犯罪指控的人进行审前的羁押应是例外而不是常规做法。（5）在合理的时间内接受审判或被释放的权利。（6）对羁押提出异议的权利。《担保羁押或监禁人的原则》第32条规定：被羁押者在被拘禁的任何时间内都可以提起对拘禁的异议的程序。（7）对非法羁押得到赔偿的权利。

待遇内容有：（1）反对断绝与外界接触的拘禁。（2）享有律师的帮助。《关于律师作用的基本原则》第7条规定：任何被逮捕和羁押的人，无论是否受到刑事指控，都应该迅速接触律师，在任何案件中，从逮捕或拘留的时间起，不得晚于48小时。（3）享有接触家庭成员和其他人的权利。（4）禁止刑讯和非法待遇。[①]

在刑事辩护权方面，大体包括以下内容：（1）被指控人享有自行辩护权和经律师协助辩护权。（2）各国应制定保障被指控人辩护权的程序和机制。（3）指定律师及对贫穷者进行法律援助。（4）被指控人选任律师的时间，不管在何种情况下至迟不得超过"自逮捕或拘留之时"起的48小时。（5）被指控人与律师联络、会见权。（6）保障律师能有效辩护。如赋予律师民事和刑事豁免权，保障律师的阅卷权，确立律师保守职务秘密的原则等。[②] 此

---

① 参见陈光中、［加］丹尼尔·普瑞方廷主编：《联合国刑事司法准则与中国刑事法制》，法律出版社1998年版，第188页以下。

② 参见陈光中、［加］丹尼尔·普瑞方廷主编：《联合国刑事司法准则与中国刑事法制》，法律出版社1998年版，第212页以下。

外，还有反对强迫自证其罪和非法证据排除法则。

毫无疑问，联合国刑事司法准则作为刑事司法领域人权保障的"最低限度标准"，反映了人类社会对刑事司法法治化的共同追求，具有无可争议的普适性，已经和正在成为推动世界绝大多数国家改革刑事司法制度，完善刑事程序法治的参照系和推动力。

一些地区性的人权公约因其可对成员国政府作出有约束力的裁决，也对其成员国产生了深刻的影响。目前，可以直接受理成员国公民申诉的公约主要有两个：《欧洲人权公约》和《美洲人权公约》。《欧洲人权公约》第 25 条规定："委员会得受理由于缔约一方破坏本公约所规定的权利而受害的任何个人、非政府组织或个别团体向欧洲理事会秘书长提出的申诉。"从实际运作来看，欧洲人权委员会和欧洲人权法院应刑事诉讼被追诉方的申请作出了裁决，欧洲许多国家都曾受到欧洲人权法院的指责和制裁。如法国多次因使用窃听电话和听证程序不合法，或者羁押条件恶劣而被欧洲人权法院宣布原判决或裁定无效。荷兰刑事诉讼制度也因欧洲人权法院的判决而发生变革，特别是有关羁押、法庭的公正性、证人的作证、电话窃听和引渡的判决。①

六、本章小结

"一切都是程序，21 世纪是程序世纪。"② 侦查程序的法治化正是与现代社会对程序法治的诉求相一致的。而追溯其本源，则是坚持"以人为本"的现代社会强调人的主体性地位，从而对人权的尊重日益凸显的必然结果。正如黑格尔所说，在现代社会，"法

---

① 汪建成、黄伟明：《欧盟成员国刑事诉讼概论》，中国人民大学出版社 2000 年版，第 358 页以下。

② ［法］让·文森、塞尔日·金沙尔：《法国民事诉讼法要义》，罗结珍译，中国法制出版社 2001 年版，第 3 页。

的命令是：成为一个人，并尊重他人为人"。^① 因此，"法律应实践出这个人文理想、每一个人都应该得到尊重和关怀，无论他是谁，无论他做过什么，不分种族、肤色……和其他特点。一个人应受到尊重，不为什么，只因为他是一个人，有独特的历史、性别和机构，以保障每个人的利益，防止它受到政府或其他人的侵犯，使每一个人都有机会过一种合乎人的尊严的生活。"^② 尊重被指控犯有罪行的人，而不是将他作为惩罚的对象和单纯的客体，是现代刑事司法（包括侦查程序）的铁律。但是，第一次世界大战以后，随着经济社会环境的变化，面对人口膨胀和资源供给紧张的压力，以及社会贫富差距的扩大，犯罪率攀升，毒品犯罪、有组织犯罪、恐怖活动猖獗，犯罪的方法和手段日益智能化、高科技化……所有这些社会矛盾，导致了各国在立法上以"社会本位"为基础的法律社会化倾向。在刑事司法领域，素有重视个人权利与自由传统的英美等国家转而强调打击犯罪的重要性。在英国，政府认为"刑事司法制度存在的目的在于打击和减少犯罪，代表被害人、被告人和社会实现公平有效的公正"。"刑事司法制度在保障侦查、定罪和惩罚方面是协同一致的。"^③ 为此，其司法改革报告建议，赋予警察权力，可以就犯罪嫌疑人被指控前的保释附加条件，限制法官同意给予那些在保释期间又犯监禁罪的被告以保释的自由裁量权，延长预审期以确保诸如贩毒及复杂案件等重案得到适当准备，如果出现引人注目的新证据的话，就取消重罪中的双重危险规则，等等。前文所说的英国对沉默权使用的限制即是例证。在美国，是通过有关规则的例外保证其刑事司法打击犯罪的功能。主要有"米兰达

---

① ［德］黑格尔：《法哲学原理》，范扬、张企泰译，商务印书馆1961年版，第46页。

② 陈光中主编：《刑事诉讼修正全书》，中国检察出版社1997年版，第620页。

③ 李薇薇：《所有人的正义——英国司法改革报告》，中国检察出版社2003年版，第16页。

警告的例外"，包括"公共安全"的例外，即如果为了保护公共利益或为了防止紧急损害，允许逮捕时作简要的讯问，如为防止无辜者受伤害，直接讯问嫌疑人的枪在哪里；和"抢救之例外"，即绑架案件中，警察逮捕嫌疑人时发现被害人不在现场，为了保全被害人的生命而就被害人的下落立即讯问嫌疑人时，无须事先根据"米兰达规则"作出警告，还有非法证据排除规则的例外等。此外，在没有明显被害人的犯罪、白领犯罪（尤其是公共官员的渎职犯罪）、网络犯罪的侦查中，侦查机关不得不对重点场所或特定嫌疑人进行预防性的监控或者同步监控，如利用耳目进行跟踪监视、电子监控、监听通讯、开拆邮件等。诱惑型侦查的广泛使用是第二次世界大战以后各国加强犯罪控制职能的又一例证。可以说，现代侦查手段的广泛运用，已对人权的保护构成一种潜在的威胁。然而，必须明确的是，这些权力的行使始终不得超出程序法治原则的范围，本书将要讨论的职务犯罪技术侦查也是如此，否则，在侵害公民个人权利的同时，也破坏了现代刑事司法制度，危殆整个社会的法治秩序。从刑事司法内部来说，"整个刑事诉讼程序犹如一座大厦，而侦查程序的构造不合理，不坚固，那么整个刑事诉讼程序就有可能发生偏差，甚至导致出入人罪。中外刑事诉讼的历史已经反复证明，错误的审判之恶果从来都是结在错误的侦查之病枝上"。[①] 毕竟，侦查权的行使犹如一把"双刃剑"，操割不当，必将伤及权力行使者自身。

---

① 李心鉴：《刑事诉讼构造论》，中国政法大学出版社 1997 年版，第 179 页。

第二章 职务犯罪技术侦查模式及其价值取向

一、引言

在我国诸多的犯罪侦查中，职务犯罪侦查因侦查的主体、手段和对象的特殊性，使犯罪侦查程序中的多重矛盾在此形成交集。突出表现在：不断加大的职务犯罪惩治力度与职务犯罪手段隐秘化、智能化从而难以侦破的矛盾；侦查手段单一、方式原始与职务犯罪行为隐蔽、案情复杂的矛盾；侦查部门为求破案并因审查监督部门同属检察系统而难以遏制的突破既有程序的冲动乃至权力的滥用心理与现代社会日益觉醒的权利意识，以及日渐高涨的人权保障呼声的矛盾；社会和民众对清廉政治的诉愿与对侦查权力公正行使的渴求之间的矛盾等。显然，循依旧有的侦查手段已难以适应新的经济社会形势下职务犯罪侦查取证的客观需求。

为消弭或者缓解上述矛盾，甚或实现各矛盾主体的"共赢"，侦查手段的创新是一条十分重要的途径。因此，近年来，有关职务犯罪的特殊侦查成为理论及实务部门关注的热点和积极探求的对象。新修订的刑事诉讼法明确赋予检察机关对职务犯罪可以采用技术侦查手段，使技术侦查措施正式走进立法。此前，虽然实践中已经有相应的技术侦查手段，但其规定皆属于侦查部门内部掌握的规则，潜隐而不规范，不仅缺乏有效的监督，权力的自我约束也缺乏应有的刚性制度规范。因此，可以肯定的是，技术侦查措施走进立法，符合程序法定的现代法治原则，必将有效地消除因立法的不公开所致的"刑不可知，则威不可测"这一公权力行使的乖张现象。

尽管立法这一良善的动机不容否认，然而，伴随着中国经济社会的急遽转型，民众的权利主张和权利保护意识日渐觉醒，"为权利而斗争"的实践层出不穷，中国社会已迈进"走向权利的时代"（夏勇）。人们期待的是以权利制约权力，并对权力施以更结实的牢笼，限制公权力的肆意妄为。当此之际，对于来自国家层面的技术侦查立法，社会更多的担心是如何以及能否对之进行有效的监督和约束，毕竟，因公权力制造的恐怖，使民众对其产生的恐慌心理，并不亚于乃至更甚于其他形式的恐惧。与之相应，社会与公众更需要对技术侦查的法理进行更深层次的解读：与传统的犯罪侦查模式相对照，技术侦查模式究竟有哪些特殊的属性，其正当性和必要性依据究竟是什么？而这也是进行职务犯罪技术侦查法理研究需要解决的基础性问题。

立基于上述问题意识，本章将首先厘清犯罪侦查的两种模式，即主动型侦查和被动型侦查，并对历史上依次出现的这两种侦查模式进行比较。以此为基础，结合我国现阶段职务犯罪情势，论证我国职务犯罪技术侦查采用主动型模式及其价值取向的正当性和必要性。

二、犯罪侦查模式的比较研究

按照犯罪侦查程序启动方式的不同，理论上将侦查模式分为主动型侦查和被动型侦查两种模式。[①]被动型侦查，也称为"回应型

---

① 孙长永：《侦查程序与人权》，中国方正出版社 2000 年版，第 37 页。

侦查"，是指在犯罪行为发生后，侦查部门根据犯罪行为所留下的痕迹采取行动、运用各种措施收集证据的一种侦查。该模式的一个明显特征是侦查行为和犯罪行为之间存在"延时性"，侦查行为以犯罪行为的发生为启动原因，只有等犯罪行为发生以后，侦查程序才逐步展开。比如，在普通犯罪中，侦查部门根据控告、报案及指控等启动侦查，然后根据目击证人的证词，以及案发现场收集到的指纹、脚印、唾液以及凶器等证据一步一步击破案件的疑点，还原案发过程，从而达到识别犯罪嫌疑人的效果。实务当中侦查部门还可以在案发后采取一系列强制措施，包括拘留、搜查、逮捕、扣押等手段，在这些侦查措施中实施的侦查都属于被动型侦查。

比较而言，被动型侦查具有逆向性、对抗性以及证明程度要求高的特点。第一，被动型侦查如同一个侦探推理的游戏，侦查人员根据犯罪分子留下的蛛丝马迹推理案犯的动机、形体和特征。所以这是一个类似播放录音录像中"倒带"的过程，还原犯罪现场以及犯罪过程，进而突破疑点找到真正的案犯，表现出明显的逆向性思维过程。第二，案发之后，犯罪分子顾忌侦查人员的侦查，会躲在暗处积极隐藏自己的踪迹以及特点和疑点。而侦查人员则希望通过任何一个疑点去揭开真相、识破真凶，所以这两者之间表现出明显的互相对抗的特点。第三，由于被动型侦查没有亲眼目睹犯罪行为的发生，实际上是由一系列证据和侦查人员的逻辑推测，并达到一个使人明确相信的程度来证明犯罪嫌疑人的犯罪行为。所以，任何草率都可能造成冤案，只有高度严谨的证据能构成首尾呼应、逻辑严密的证据链时才能证明犯罪嫌疑人的犯罪行为。因此，被动型侦查所要求达到的证明程度相对较高。

主动型侦查，是一种将侦查程序启动在犯罪行为发生前或跟随犯罪行为的发生而启动的侦查模式。较之于被动型侦查的延时性，主动型侦查因其提前或同步介入而有同时性的特点。易言之，主动型侦查是主动出击，在犯罪行为没有发生前就根据潜在的充分怀疑而对当事人开启侦查的一种模式。主动型侦查并非新生事物，事实上，此类侦查手段古已有之。在"贵绝恶于未萌"[①]的中国皇权专制时期，该侦查手段也经常被用于打击异己、禁绝朋党的手段。以古代中国皇权专制高峰的明朝为例，其肆行的厂卫制度即为此种手段的运用。明成祖于永乐十八年，曾设置东厂（东缉事厂），实为明代的特权监察机构、特务机关和秘密警察机关，自此开明代厂卫制度先河。厂卫组织监视、侦查、镇压官吏的不法行为，根据监控所得的情报信息，可以直接逮捕或者得到授权后进行逮捕。其盛行之时，朝野震惊，冤狱滥刑时而有闻。"刑法有创自有明，不衷古制者，廷杖、东西厂、锦衣卫、镇抚司狱是已。是数者，杀人至惨，而不丽于法。踵而行之，至末造而极。举朝野命，一听之武夫、宦竖之手，良可叹也。"[②]但这种主动型侦查与现代社会的主动型侦查仅具有思维方式上的同质性，缺乏法治理念与权力控制程序的约束，尚非本书所讨论的严格意义上的主动型侦查。

主动型侦查有直接性（共时性）、主动性、打击与预防结合的特点。直接性是指主动型侦查的侦查行为与犯罪行为同时展开，侦查和犯罪在同一空间、同一时间共同延续。因此，主动型侦查所掌

---

① 《大戴礼记·礼察》。

② 《明史·刑法志》。需要注意的是，有研究者将对主动型侦查手段运用的梳理一直延伸到古代社会，例如，通过考证得出中国古代社会就有技术侦查等主动型侦查手段，如战国时期所谓的"樗里疾窃听"，南宋时期宋慈在《折狱龟鉴》中记载的一些案破成功的案例，如"案下侦奸"、"故纵擒奸案"、"断缣得奸"以及"计破诈马案"等，并引述宋慈在《洗冤集录》中对此类手段在使用时的注意事项，"凡官守戒访外事，唯检验一事，若有大段疑难，须更广布耳目以合之，庶几无误"。否则，"虽广布耳目，不可任一人，仍在善使之，不然，适足自误。"本书认为，作为一种法治视野下的主动型侦查手段，应指20世纪60年代后，各国为应对跨国犯罪、有组织犯罪等高智商犯罪而进行侦查时采用的手段，尤其是高科技手段，不可对此类侦查手段作扩张理解。因此，政治或军事背景下所谓的"技术侦查"，例如该作者列举的国民政府时期"中统"和"军统"使用的侦查手段，也不在本书的论列之中。

控的犯罪证据更有证明力，使审批人员更容易做出确切的判决。主动性是指侦查机关为了对特殊类型的犯罪进行追究，主动对重点场所或特定嫌疑人进行预防性的监控或者同步监控。最后，由于主动型侦查时刻观察着犯罪行为的进行和发展，将犯罪对象以及犯罪物品都置于掌控之下，所以能够较好地实现对犯罪行为以及危害结果的控制，将打击犯罪和控制、预防犯罪结合到了一体。

主动型侦查包括监控型侦查、诱惑型侦查及线人或卧底侦查等。监控型侦查是指对特定的某些可能的犯罪地点或犯罪对象进行监控，比如利用电子设备进行的电子监听、监听通讯、开拆邮件以及利用耳目进行跟踪监视等。诱惑型侦查是指对某些已存在的犯意进行诱导、引诱，在这些隐秘的犯罪行为暴露或犯罪结果发生后，再将其逮捕、起诉的过程。线人或卧底侦查，是指侦查人员自己或者利用别人虚构或利用某种特殊身份为掩护，骗取侦查对象的信任，打入其内部以查明犯罪事实、收集相关证据的一种秘密侦查手段。结合上述分类，可以看出，现行《刑事诉讼法》第 148 条规定的技术侦查大致相当于这里主动型侦查的第一种方式即监控型侦查。第 151 条第 1 款规定的侦查方式应属于第二种及第三种主动型侦查方式，而第 2 款"控制下交付"当属于第一种监控型侦查。总体而言，现行刑事诉讼法新增的特殊侦查手段都属于主动型侦查。

比较上述两种类型的侦查模式，可以发现，两种侦查模式在侦查启动、侦查思维及实际侦查效果等方面均存在以下各自不同的特质：

首先，二者的起点不同。主动型侦查的起点不确定，为任何可疑的地点、可疑事件以及可疑人员，不过它最多的表现是特定的情报信息。被动型侦查的工作起点则为确定的犯罪现场，对犯罪现场痕迹的侦查以及证词的收集将是破案的关键，也是侦查人员开展下一步侦查工作的基点。因此，被动型侦查更适用于有明显外化性犯罪结果的普通案件，而对于类似职务犯罪这种隐蔽性且多数情况下无犯罪现场、无被害人的案件来说，更宜启动主动型侦查。

其次，二者所反映的办案思维不同。被动型侦查运用的是一种逆向性的思维，是从犯罪结果和犯罪留下的痕迹出发，经过演绎推理和逻辑思维还原犯罪行为和原因的过程。这种思维方式要求侦查能够全面地搜集各类证据，然后通过侦查人员的分析和经验推导出犯罪发生的动因、犯罪过程以及犯罪嫌疑人个人情况。在这一过程中，任何的蛛丝马迹都不能放过，侦查人员必须以小见大，把所有资料都串联起来，对侦查人员的经验和素质要求非常高。而主动型侦查则是直接性的思维，这主要表现为主动型侦查和犯罪几乎是同时进行的，因此，所有证据的发现、收集和固定以及对犯罪的监控也是同时进行的。这种共时性的过程要求侦查人员通过对证据的归纳和联想来侦破犯罪。可以说，主动型侦查过程中收集到的证据更有立体性、连贯性和真实性。比如犯罪嫌疑人犯罪行为的同步录音录像，其作为证据的证明能力和证明力就非常强。

最后，二者的侦查功能及社会效果表现各异。被动型侦查通常针对已发生的案件，运用高效能手段在特定区域开始排除、搜查、讯问等一系列侦查活动，效率较高，侦查成效较为明显。因而，被动型侦查虽然有被动性、滞后性的不足，但能够更好地保障公民的隐私、自由、财产等基本权利，对于早期犯罪率不高、犯罪手段暴力性和危害结果明显性的犯罪状况较为适用。然而，由于该侦查模式重在事后调查，以犯罪现场为侦查的逻辑起点，因而缺乏积极和主动侦查的动力。一方面，在应对现代社会中有组织犯罪、高智能犯罪等犯罪行为的侦查时，因该类犯罪普遍存在的发现难、取证难、固证难等现象，被动型侦查已显力不从心。尤其是在有些不存在犯罪现场的特殊类型的犯罪行为中，如果仅仅依靠传统的被动型侦查，由被害人举报或知情人控告，很可能导致很多犯罪案件都不能侦破甚至不能被发现，最终使侦查难以发挥应有的效能。特别是在应对高智商的犯罪主体、高隐秘的作案过程以及智能化的犯罪手段时，被动型侦查已远不能与案件形态的变化相匹配，更遑论在当今社会中，应对网络犯罪、新型恐怖主义、诈骗等高智商、组织严密的犯罪。另一方面，被动型侦查还因其依赖侦查人员的思维、想象进行还原的特点，容易造成冤假错案，侵害人权甚至人的生命。在侦查实践中，侦查人员常常根据可能存在偏颇的预断"先抓人，再破案"，通过控制犯罪嫌疑人获得口供，在无法获得预期的口供而又缺乏有效的外部监督情形下，就容易出现刑讯逼供的情况，造成对民众财产权利、人身等权利的损害。此外，被动型侦查的不足之处，还有由于被动型侦查最好的结果是将罪犯交由审判，或者决定了审判的结局，严厉打击了犯罪者。但对于已发生的结局和危害，都无法再进行补救或者减低危害程度。归根结底，这只是一项对已发生的事进行回应的手段，对犯罪行为本身无能为力，只能以在查明犯罪后，使犯罪行为得到惩处而予被害人以精神上的慰藉以及物质、身体损害的赔偿。

与被动型侦查不同，主动型侦查能够利用已有的信息和情报，对潜在的犯罪进行监控以及诱导，可以将犯罪危害限制在可控的境地，大大降低了犯罪行为对社会和个人的危害性。特别是在一些重大、严重甚至跨境的有组织犯罪、毒品犯罪等犯罪活动中，如果采用主动型侦查，将大大减少这种损害结果，甚至可以防止产生不同程度的社会危害。同时，主动型侦查是在可能的被追诉者以及一般公众均不知晓的情况下进行的，因而能避免来自犯罪嫌疑人的反侦查措施，所获取的证据也通常比较真实可靠，还能比较有效地防止给最终被证明无罪的犯罪嫌疑人的名誉带来不必要的负面影响，避免给其所从事的本职工作带来不必要的损失。[①]

尽管主动型侦查因其启动的主动性和提前介入性，可以有效地

---

① 陈光中、宋英辉主编：《刑事诉讼法实施问题研究》，中国法制出版社 2000 年版，第 109 页。

防止被动型侦查可能产生的诸多弊端，但该侦查模式也存在自身难以克服的缺陷，极易造成对人权以及社会秩序的侵害，损害乃至颠覆公权力的公信力。①

一是主动型侦查公民基本权利尤其是隐私权的影响。②在我国现行刑事诉讼体制下，由于审前侦查程序没有司法权的介入，侦查机关的侦查权在仅存在自我约束的情形下极易膨胀，如果轻易适用主动型侦查，很可能将公民的基本权利置于危险地带。控制代表公权力的侦查权，就显得尤为迫切。因为，如果不对这种主动型侦查进行有效的控制，不但可能实现不了打击犯罪的目的，还会造成一种新的犯罪，即侵犯他人隐私的犯罪，与惩罚犯罪的侦查目的背道而驰。

二是主动型侦查潜在的社会危害性。侦查机关在采用电子监控、邮件开拆、网络监控、跟踪盯梢等手段进行侦查时，已将公众完全置于其彻底的观察之下，势将造成对个人基本权利和私人生活的漠视，从而摒弃权利本位或社会优位理念的价值。而且，此类侦查手段的适用将很可能使市民生活处于恐慌之中，形同于战争状态。倘若每个人每天的生活都在担心自己是否被监控，这将使整个社会陷入"阴谋论"的泥潭，无论对国家还是个人，都非常不利。诱惑型侦查的实施对社会公众的影响也不容忽视。因为，诱惑型侦查通过引诱那些本已有犯意的人犯罪，为他们提供犯罪的现实条件，等到危害结果或者犯罪行为出现，将其逮捕起诉。在此过程中，常常会引诱那些本来并无犯意的人犯罪，难言正当合理。更何况无论是有无犯意，诱惑型侦查的参与不可避免地为危害结果的出现提供了机

---

① 电影《窃听风暴》为我们描画了这样一个社会：国家公权力无孔不入地渗透到公民私人领域，公民的一举一动均在公权力的"注视"之下，每一组数据都通过"监控网络"传达到最高层。正如电影情节中所叙述的那样："古往今来没有一个政府像社会主义政权一样，中央关注现实中发生的深入每个人的生活的一切，……"当监控无处不在，整个社会弥漫着的是苦闷、惶恐、死气……

② 张阳：《侦查谦抑性刍议》，载《吉林公安高等专科学校学报》2009年第2期。

会，甚至有些犯意恰是因为诱惑型侦查的存在而产生了危害结果。

鉴于两种侦查模式各自不同的特点和适用的优劣，因应当今社会犯罪组织形式、实施方式等新的发展趋势，为了实现在惩罚犯罪与保障人权之间的平衡，法治国家或地区在继续沿用传统的被动型侦查的同时，普遍采用在特定犯罪行为中实行主动型侦查的模式。但出于对国家权力控制的需要，又普遍奉行以被动型侦查为主、主动型侦查为辅的原则，即原则上侦查只能针对已经发生的犯罪，为追究行为的刑事责任而进行，只有在被动型侦查已经失败或者很难甚至不可能取得成效的情况下，才能在严格的限制条件下经过法定批准程序后依法定的程序进行主动型侦查。① 对于主动型侦查的运用，还要严格遵守比例原则、司法审查原则、程序法定原则、权利救济原则以及隐私保障等原则，以此对主动型侦查进行严格的规制，维系公民权利和国家公权力的平衡，有利于创建一个既能实现程序正义和实体正义，同时又能够有效侦查，打击犯罪的刑事诉讼侦查程序。

三、主动型侦查的正当性法理

主动型侦查是因应 20 世纪 60 年代以后世界范围内，刑事犯罪呈现新的犯罪手段和趋势的情形下而出现的。如前所述，自出现以来，该侦查模式因其行为的主动性、隐秘性和提前介入性，极易对侦查对象的隐私权造成严重的侵害，如果不能进行严格的程序规制，极有可能导致权力与权利格局的失衡，使国家公权力凌驾于公民权利之上，造成公民的基本权利无从保障。因此，该模式自出现以来，就一直存在争议。因此，探寻该侦查模式的正当性法理不仅有助于其获得社会认同，回应其广泛的社会乃至学术争议，也有助于揭明该模式的内在机理，夯实其在侦查实践中适用的法理基础。

现代法治意义上的主动型侦查的正当性法理不仅源于该制度模

---

① 孙长永：《侦查程序与人权》，中国方正出版社 2000 年版，第 23 页。

式符合犯罪性质蜕变及犯罪侦查行为发展需求的社会历史逻辑，也与该制度模式自身所蕴含的正当性有深切的关系。因为，当前社会，犯罪形势日趋复杂，在应对集团犯罪、黑社会性质犯罪、危害国家安全犯罪、国际走私犯罪、恐怖组织犯罪和部分危害公共安全的犯罪及有连续性的犯罪等特殊犯罪的侦查时，传统的被动型侦查已显单薄而无能为力。特别是在针对一些因高科技、高智能的犯罪如白领阶层犯罪（尤其是公职人员的贪腐渎职犯罪）的侦查时，因此类犯罪手段日益多样化、隐蔽化和智能化，侦查手段的创新尤显迫切。为了使讨论问题更具针对性，这里仅以我国当前阶段职务犯罪①的性质和特征为中心进行分析，借以论证主动型侦查的必要

———————

　　① 　通常意义上的职务犯罪，并不是刑法上的一种具体罪名，而是对于国家公职人员利用职权之便实施的犯罪行为的统称。具体而言，即为《中华人民共和国刑事诉讼法》第18条第2款中规定的"贪污贿赂犯罪，国家工作人员的渎职犯罪，国家机关工作人员利用职权实施的非法拘禁、刑讯逼供、报复陷害、非法搜查的侵犯公民人身权利的犯罪以及侵犯公民民主权利的犯罪"。根据该条款可归纳出，职务犯罪是指国家工作人员利用特定职权谋取经济利益，或者违法履行职权以及在履行职权时侵犯公民的人身权利和民主权利的犯罪。这也是法学理论上狭义的"职务犯罪"定义。相对于狭义"职务犯罪"的概念，广义的职务犯罪是指具有一定社会身份的人利用职权之便而实施犯罪活动的总称。易言之，职务犯罪是国家工作人员利用职务之便利进行非法活动或滥用职权、玩忽职守、徇私舞弊，破坏对职务行为的管理活动，依照刑法应当受到刑罚处罚的犯罪行为的总称。因此，广义上的职务犯罪主体不但指国家工作人员，还包括以国家工作人员论的人员。详细而言，特指国家机关、国有公司、企业事业单位、人民团体中的职务人员，以及国家机关、国有公司、企业事业单位委派到非国家机关、非国有公司、企业事业单位和人民团体中的职务人员。而狭义的职务犯罪仅指国家机关、国有公司、企业事业单位、人民团体中的从事公务的人员，属于检察机关的侦查管辖的案件，而广义上的主体还包括由公安机关侦查管辖的犯罪。所以，本章所讨论的职务犯罪仅指狭义上的概念，亦即检察机关侦查管辖的案件。需要特别指出的是，职务犯罪还包括了单位犯。如《中华人民共和国刑法》第387条规定的单位受贿罪，"国家机关、国有公司、企业、事业单位、人民团体，索取、非法收受他人财物，为他人谋取利益，情节严重的，对单位判处罚金，并对其直接负责的主管人员和其他直接责任人员，处五年以下有期徒刑或者拘役"。但此类犯罪不在本章讨论之列，故不拟赘述。

性和法理的正当性。

当前，我国职务犯罪主要呈现如下几点特征：一是大案、要案数量急剧增加。自改革开放以来，执政党和国家从没有放松对贪污贿赂等职务犯罪的打击力度，但是效果并不明显。职务犯罪没有得到有效的遏制，相反呈持续上升的趋势，社会主义市场经济条件下，收入分配差距拉大，对一些人的心理造成很大冲击，认为市场经济就是捞钱，加上政策不配套，法律不完善，预防、监督、打击不到位，大案要案增多，以权谋利现象极为严重。涉案数额往往巨大，而且多以受贿的形式聚敛财富，利用体制漏洞打"擦边球"多种形式受贿，导致现有法律框架内认定难。二是职务犯罪发生的领域逐渐扩大，职务犯罪人利用复杂社会关系跨领域实施犯罪行为日趋常态化。职务犯罪活动新老领域交替，虽然活动区域发生了一些变化，在一些传统领域如建筑、金融等行业，依然是职务犯罪的易发多发部门。与此同时，一些新领域如证券交易、国有公司股份化改制以及政府采购等经济活动领域的职务犯罪活动日趋严重。三是职务犯罪的部门化、网络化、常态化愈加明显。主要表现在窝案、串案呈现多发趋势，职务犯罪中形成利益联结体，职务犯罪一条龙。随着我国社会分化程度的加快各种利益集团逐步形成，职务犯罪活动所涉及的社会面越来越广，横向纵向结合，呈现出部门化的趋势，甚至出现"前腐后继"的现象，前面的官员倒下了，承继的官员继续犯罪。四是职务犯罪案件还具有发现和侦破困难的特点。在职务犯罪中，除了少量的直接侵犯公民个人人身权利的案件，职务犯罪侵犯的法益多是公共利益，没有像普通犯罪案件中的直接受害人，与被侵犯的个体利益之间多是间接关系。因此，属于一种潜隐形犯罪。职务犯罪这种隐形性导致公民控告的可能性低、积极性低，使得案件的发现多靠检察机关的自我侦查。而检察机关又不能随意侵犯他人的合法隐私和自由，随意对公民实施侦查，造成职务犯罪又难以被发现的状况。另外，案件的危害有隐蔽性，公民对被侵犯的利益需要一段时间来觉察和发现，甚至很有可能发现不了。因此，职务犯罪有难以发现或者发现不及时的特点。显然，检察机关如果继续采取"以人立案"、"一人一案"、"不破不立"的模式开展侦查工作，停留在"一张纸、一支笔、一张嘴"的传统的办案方式上，将无法在侦查的广度和深度满足加大惩治职务犯罪力度的现实需求。

如果说上述职务犯罪行为的特征说明了启动主动型侦查手段，积极惩治该类犯罪的实质正当性，那么下列职务犯罪行为对传统侦查手段的挑战，则说明了主动型侦查手段在程序正义上的正当性与合理性。

首先，职务犯罪手段富于变化，其手段翻新之快常常超出法律更新速度，以致多种新形式职务犯罪认定缺少法律依据。职务犯罪的主体大都具有较高的文化素质、心理素质和丰富的社会阅历，社会交往面较广，他们从事犯罪，作案过程往往会伪装、具有掩饰性。如江西通用金属材料公司总经理晏广华在向胡长清行贿时，就写报告，以集团公司的名义实施，企图将个人行贿谋取个人利益的行为转化为集体单位的行为。

其次，职务犯罪的高智能化，犯罪手段隐蔽并富于欺骗性。职务犯罪的主体身份比较复杂，他们往往有着丰富的知识素养，智商较高。有的国家工作人员兼有党政干部、事业单位领导和企业管理者等的复杂身份，常常利用复合身份与多重职权实施和掩盖犯罪。例如，由于法律规定的渎职罪的主体是国家机关工作人员，所以有的人就借用其非国家工作人员的身份和名义，利用其国家工作人员的身份进行"合法"形式掩盖下的职务犯罪。职务犯罪主体人格具有两面性。人格的裂变是高智能化的职务犯罪主体共同的特征，也就是人们常说的"当面是人、背后是鬼"的"阴阳脸"。随着社会科技文化水平的不断提高，职务犯罪分子利用其掌握的专业技术知识和岗位职能实施犯罪，比如，金融、证券、海关、税务、电信、房地产等领域和行业。犯罪分子利用精通金融业务、熟悉银行工作程序的便利条件通过伪造银行金融凭证骗取公款，直接截留或者盗支存款等多种多样的作案形式，但无一例外的都是通过所学的专业知识和利用职务便利为自己谋取利益。一些职务犯罪分子为了侵吞财产而又能掩人耳目，把犯罪的时间和空间都拉大，增加一些看似很公正的程序，逐步地把共有财产变为私有财产。国企改革过程中出现的国有资产流失的现象，其中一部分就是被个人侵吞掉了。

再次，职务犯罪主体通常具有较强的反侦查能力，给检察机关工作人员的侦查取证带来了一定的困难。一些犯罪嫌疑人在实施犯罪行为之后，往往利用强大的权力来只手遮天，企图逃避法律的追究。通常的手段有威胁意图举报其犯罪事实的知情者，或者利用钱权交易拉拢其他官员，在其主政区域"强强联手"、"结党营私"而为所欲为，又或者利用政治力量阻挠和打压相关人员的合法调查，使犯罪事实不为人知等。这类犯罪主体通常实施手段极其隐秘、过程严密谨慎、证据少之又少的犯罪。加上犯罪者反侦查能力极强，能及时获得相关部门的信息并且熟悉法律，在案发前统筹布划，极少留下犯罪证据，案发后加强防范，采取措施，销毁各类证据，甚至通过各种途径令犯罪所得正当化、合法化，因而使得侦查人员常常难以侦破。有些犯罪分子在研究和学习法律后运用法律知识来化解风险，逃脱法律的制裁。一些职务犯罪分子在作案过程中会销毁证据，威胁证人，甚至恶人先告状诬陷举报人、办案人员，从而把水搅浑，混淆视听，增加了追究职务犯罪的难度。

最后，职务犯罪作为一种隐性犯罪，使常规的证据收集手段很难取得实效。以职务犯罪中的贿赂行为为例，交易过程中往往只有行贿者和受贿者，没有第三者在场，因此难以取得人证。加之双方当事人在此过程中往往采取极其隐蔽的手段，根本不会留下犯罪证据，检察机关在侦查过程中难以取得实质性的物证。更有可能司法部门发现职务犯罪时早已时过境迁，侦查部门连犯罪时间、第一案发现场都可能无法弄明白，侦查工作就陷入了困境。因此，相较于普通犯罪可以收集案发现场的脚印、指纹以及凶器等物证，职务犯罪所能收集到的证据只有文书类证据以及犯罪嫌疑人、证人的口供。文书类重要证据很有可能因为没有及时侦查，而在犯罪者的授意下销毁殆尽。由于单纯口供作为证据证明力的有限性，即使在特殊的情况下犯罪嫌疑人肯改过自新，主动认罪，但其实仅靠犯罪嫌疑人的供述并不能形成完整的证据链，这就使司法审判陷入缺乏合法必要的实体要件的僵局。所以，在职务犯罪过程中取得其他类型的证据显得相当迫切和重要。

此外，由于职务犯罪对证人的口供依赖强，会发生原本答应作证的证人，被威胁而放弃作证的现象。再加上证人的口供主观意识强，对犯罪过程的叙述不稳定。职务犯罪不但本身可采集的证据少，再加上外界的影响和固证难的现状，可以说，侦查部门工作开展非常困难。

正是因为上述情形的存在，在职务犯罪中使用主动型侦查的技术侦查手段，已经成为对此类犯罪进行侦查的应然选择。回顾技术侦查在中国从实践到立法的进程，也有助于说明该侦查手段应用于职务犯罪侦查中的正当性。

在本次立法之前，学术界和法律实务部门已经对此进行了广泛的论证。笔者认为，求证技术侦查运用于职务犯罪的正当性，除了职务犯罪的"智能化"、"国际化"等情势与传统的由供到证的单一的被动型侦查手段之间的矛盾，以及现代社会中，公民权利的非绝对性且服膺于保护国家安全、维护社会秩序和避免紧急危难等之外，执政党执政地位的合法性和权力行使的公信力也是促成技术侦查采用的另一重要原因。尽管由于特定的政治历史原因，"党内不准搞技术侦查"作为一项内部要求，一直是职务犯罪侦查的高压线，技术侦查手段在职务犯罪中的应用因之受限而无法走进立法。

但是，随着执政党自革命党向全民党角色的转换，当社会主义法治建设成为全社会的共同愿景时，为约束和规范公权力的运行，遏止国家公职人员贪渎行为，遵循法治这一全人类共同文明成果的基本原则，借鉴法治发达国家的吏治经验，走与国际社会同步与合作的治理贪渎之路，就成为我国在惩治职务犯罪中的不二选择，而技术侦查手段将成为应对职务犯罪的应然之果。①

就实然状态而论，根据《公民权利和政治权利国际公约》第19条第3款之规定："本条第二款所规定的权利的行使带有特殊的义务和责任，因此得受某些限制，但这些限制是应由法律规定并为下列条件所必须：（甲）尊重他人权利或名誉；（乙）保障国家安全或公共程序，或公共卫生或道德。"在事实上成为技术侦查制度确立的依据。而《联合国打击跨国有组织犯罪公约》以及《联合国反腐败公约》都承认特殊侦查（包括技术侦查）手段的特殊地位。《联合国反腐败公约》第50条规定，各缔约国均应当在其本国法律制度基本原则许可的范围内并根据本国法律规定的条件……采取必要措施，允许其主管机关……酌情使用控制下交付和……诸如电子或者其他监视形式和特工行动等……特殊侦查手段，并允许法庭采信由这些手段产生的证据。实际上，国际刑法界对特殊侦查的使用问题已达成共识。2004年9月在我国召开的第十七届国际刑法学大会，通过了《国际交往中的腐败及相关犯罪的决议》，明确提出：各国应当为腐败犯罪的侦查规定适当的手段，这些手段在严重的案件中可以包括秘密侦查以及窃听通讯。显然，作为国际社会重要成员之一，且作为上述公约的缔约国，使用技术侦查手段以惩治职务犯罪还成为我国履行国际义务，遵守条约守信原则的具体行动。

---

① 参见何邦武、李珍苹：《论职务犯罪的特殊侦查》，载《法学杂志》2011年第9期。

虽然修订后的刑事诉讼法首次明确将技术侦查手段规定于基本法中，但我国有关技术侦查及其使用问题已经有了一定的立法和实践经验。出于犯罪侦查的需要，1989 年，最高人民检察院与公安部联合颁布实施了《关于公安机关协助人民检察院对重大经济案件使用技侦手段有关问题的答复》，要求：对少数重大经济犯罪案件主要是贪污贿赂案件和重大经济犯罪嫌疑分子必须使用特殊侦查手段的，要十分慎重地经过严格审批手续后，由公安机关协助使用的规定。该文件第一次规定了对贪污贿赂案件和重大的经济犯罪分子使用技术侦查手段破案的思路，应当是我国第一部对于技术侦查规定的法律。随后在 1993 年《国家安全法》第 10 条规定："国家安全机关因侦查危害国家安全行为的需要，根据国家有关规定，经过严格的批准手续。可以采用技术侦察措施。"此处的"技术侦察"虽然与"技术侦查"有字面上的细微差异，但应该认为二者在内容和含义上是基本一致的。在其后 1995 年实施的《中华人民共和国人民警察法》第 16 条又规定："公安机关因侦查犯罪的需要，根据国家有关规定，经过严格的批准手续，可以采取技术侦察措施。"此后，我国政府又先后在 2000 年和 2003 年正式签署了《联合国打击跨国有组织犯罪公约》及《联合国反腐败公约》，规定为有效地打击腐败，各缔约国均有权在本国法律制度基本原则许可的范围内根据本国法律规定酌情使用控制下交付和诸如电子或者其他监视形式等特殊侦查手段，并允许法庭采信由这些手段产生的证据。虽然一如我国很多立法，规定得相当原则，且其中使用的仍然是"特殊侦查"的术语，但依然可视为近似的"技术侦查"立法。尽管上述关于技术侦查行为如何决定和实施还很模糊，但有关部门认识到技术侦查的不可或缺性，并尽可能在制定法律法规时予以体认的试验性态度是不容否认的。

或许正是由于实践中技术侦查取证的广泛存在，2010 年出台的《办理死刑案件的证据规定》第 35 条正式规定："侦查机关依照有关规定采用特殊侦查措施所收集的物证、书证及其他证据材料，经法庭查证属实，可以作为定案的根据。法庭依法不公开特殊侦查措施的过程及方法。"这意味着实践中技术侦查所获取的证据效力已为新的规定所承认。因此之故，学界认为此一规定是"秘密侦查法制化"的重要一步。

还应明确的是，根据现代法治有关程序正义的理论，作为一种以追求正义为嚆矢，按照一定的顺序、方式和手续进行制度安排并由之作出决定的程序，其本身就具有对程序参与者限制恣意、确保理性选择和"作茧自缚"的效应。① 换言之，为求得权力行使的正当性，走出当下我国职务犯罪中可能存在的侦查手段无序的状态，侦查机关自身也有尽快制定相应规范的主动和自觉的吁求。

四、我国职务犯罪技术侦查的应然价值取向

（一）两大法系职务犯罪技术侦查立法的价值取向

任何一项法律制度的制定背后，都存在各相关主体不同价值诉求的冲突。综观当今两大法系主要国家，在以"监听"为主要手段的技术侦查立法上，各国都表现为在注重便利犯罪侦查的同时加强保障人权，在一些基本原则和精神上都是基本一致的。但由于各国自身的法律文化、司法体制和法治理念等方面的差异，在具体制度设置的价值取向上各有不同，根据对侦查机关权力的限制和当事人人权保障的程度，目前大致分为"人权保障模式"、"犯罪控制模式"和"权利平衡模式"3种。② 为了论述的方便，本书在征引

① 参见季卫东：《法制秩序的建构》，中国政法大学出版社 1999 年版，第 15 页以下。

② 李明：《监听制度研究：在犯罪控制与保障人权之间》，法律出版社 2008 年版，第 103 页。

域外立法及相关理论时，将以监听制度的立法和理论为核心，并以此透析其他技术侦查手段的价值目标。

1. 人权保障模式

"人权保障模式"在注重打击犯罪和保障公民基本权利之间，更侧重对于后者的保护，因应该价值取向，相关国家在监听立法上通常作出以下规定：

（1）适用条件严格、监听范围狭窄。以日本为例，其监听法规定监听只适用于四类犯罪，即毒品犯罪、涉及枪支的犯罪、有组织杀人罪和集团非法越境罪，并且规定了实施监听必须具备相应的实质条件，即有充分理由足以怀疑实施了对象犯罪，并且存在足以怀疑该犯罪是数人共谋实施的；有充分理由足以怀疑对象犯罪之后，将进一步以同样的方式实施同一或同类的对象犯罪或者基于一连串的犯罪计划而实施对象犯罪，并且存在足以怀疑这些犯罪是数人共谋实施的情况的；有充分理由足以怀疑为实施对象犯罪进行必要的准备时犯了与对象犯罪密不可分的重大犯罪，而且将进一步实施对象犯罪，并存在足以怀疑这些犯罪是数人共谋实施的情况的。只有符合以上 3 种情况之一的才能使用监听措施。此外，日本监听法要求监听必须要有法官的授权，严格排斥检察官和司法警察员的无证监听。

（2）监听时间和地点严格受限。根据日本监听法规定，日本法官在签发监听令状时，一次最长只能授权执行机关监听 10 日，依据检察官或者司法警察员的请求可以延长，但总计不得超过 30 日。监听也只能在通讯营业者等看守的场所以外，不得在有人住居或者有人看守的宅邸、建筑物或船舶内进行。①该规定在同类国家的监听立法中，所规定的监听时间是最短的，允许监听的地点最少。

---

① 孙长永：《侦查程序与人权》，中国方正出版社 2000 年版，第 146 页以下。

（3）监听过程受到严格的控制。日本对监听过程的控制主要体现在两个方面：一是在场监听见证原则，即要求"应当使管理实施监听的该部分通讯手段的人或者代表管理人的人在场。如果不能使以上的人在场时，应当使地方公共团体的职员在场"，在场见证人还可以向检察官或者司法警察员陈述关于实施该项监听的意见。二是为判断正当性而进行的监听，即检察官或者司法警察员，对于在实施监听中已进行的通讯是否属于应予监听的通讯不明确的，为判断该通讯是否属于监听的通讯，以必要的最小限度范围为限，可以监听该通讯。①

（4）当事人拥有广泛的救济权利。在日本，主要涉及当事人的异议权，即对法官做出的关于监听通讯的裁判不服或对检察官、检察事务官以及司法警察职员做出的关于监听通讯处分不服的，可以依法请求法院撤销监听裁判或处分；知悉使用权，日本监听法规定，一般应在监听结束后 30 日内将有关监听事项告知当事人，当事人可以听取、阅览或者复制监听记录中有关该通讯的部分；监听资料保密权，即法律要求严格为当事人的监听资料保密，检察官或者司法警察职员，对于已经监听的通讯，除监听记录记载的外，不得使他人知悉其内容或者予以使用。即使在退职以后，也不得泄露②。

（5）监听资料作为证据使用有严格的要求。以德国为例，对监听中取得的案外人的资料，或在诉讼程序中才发现不适格作为证据之物，以及对刑事诉追不再具有必要性时，则需在检察官之监督下予以销毁，即或在不起诉处分或判决确定之案件中，对此类文件数据亦应予以销毁，不能在其他诉讼中作为证据使用。对于合法取得的监听录音材料可以作为证据使用，但无法官授权所取得的录音

---

① 《日本刑事诉讼法》，宋英辉译，中国政法大学出版社 2000 年版，第 215 页。
② 《日本刑事诉讼法》，宋英辉译，中国政法大学出版社 2000 年版，第 219 页以下。

资料不得作为证据使用，在合法的监听措施中，发现有违法行为，但此行为并非法定监听之范围，所取得的录音资料也不得作为证据使用。如果用此窃听资料非法被窃听之人而取得其陈述，其陈述仍不得作为证据之用。对合法取得的监听资料，如仅片段或总结性地播放或朗读该内容，则属违法，也为判例所禁止①。

2. 犯罪控制模式

"犯罪控制模式"则注重对案件真相的追求，侦查机关具有相当的权力，从而有利犯罪侦查，该模式体现出对当事人的人权保障的弱化，并具有相当明显的管制色彩，在监听立法上表现为：（1）适用范围广。如《法国刑事诉讼法典》第 100 条规定可能判处两年或两年以上监禁之罪就可适用监听②。（2）监听期间长，监听地点宽泛。法国规定对监听对象的监听最长可达到 4 个月，长于一般国家的 3 个月时间，并且没有次数限制。监听的地点也没有限制，可以监听的地点不仅限于公共场所，而且包括私人住宅，即只要是"为了侦查的必需"，任何地方都可以进行监听。（3）相对人救济权利相对薄弱。法国规定对秘密监听的决定不允许当事人进行救济。"截留的决定以书面形式，此项决定不具司法性质，不得进行上诉"③。（4）监听资料的使用不受限。法国对监听资料的使用唯一的排除性规定是没有通知律师公会会长和议会主席时，对律师和议员的监听信息无效，其他方面如没有按照法定程序、条件所取得的监听资料则完全没有限制性规定。

3. 权利平衡模式

"权利平衡模式"对监听的适用和监听资料证据资格的确认都

---

① 《德国刑事诉讼法》，李昌珂译，中国政法大学出版社 1998 年版，第 35 页。

② 《法国刑事诉讼法典》，余叔通、谢朝华译，中国政法大学出版社 1997 年版，第 142 页。

③ 《法国刑事诉讼法典》，余叔通、谢朝华译，中国政法大学出版社 1997 年版，第 142 页。

采实用主义态度,在运用中具有一定的灵活性,既体现了对打击严重犯罪的保障,又体现了对公民基本权利的保护,旨在打击犯罪与人权保障之间取得平衡。监听立法上具体表现为:(1)监听适用的范围规定比较灵活,通常采用概括式与列举式相结合的方式。如美国在《综合犯罪控制与街道安全法》中用"罪行轻重限定法"和"罪名列举法"对监听范围作了相关规定。① (2)监听适用条件相对严格。《美国综合性犯罪控制及街道安全法》规定监听适用上有两个实质性条件:一是普通的侦查手段已经尝试过并失败了,或者即使采用也不可能成功或太危险;二是有合理的根据相信对象正在实施的犯罪属于监听的范围且通过监听可以获得有关该犯罪的特定通讯以及准备监听通讯的设备或场所正在或即将被用于与实施上述犯罪有关的活动,或者被这个人所租用或登记在其名下或通常由他使用。②同时,除了由法官预先授权的监听以外,还规定了侦查官员在紧急情况下无证监听权的情况。(3)在监听的时间和地点上,通常根据打击犯罪的实际需要来确定,但要履行严格的法定程序。如意大利刑事诉讼法规定每次监听的时间较短,只有15天,但只要监听的前提条件具备则一直可以延长,每次不得超过15天,没有次数限制。对于在私人居住场所的监听规定不如日本和德国的条件严苛,但也不能随意监听,"只有当确有理由认为那里正在进行犯罪活动时,才允许窃听"。③ (4)对非法监听资料的排除。原则上对于非法监听所获取的资料都要被排除,但这也并非绝对如此,仍有原则之例外。如美国联邦最高法院认为,侦查机关违反该法的规定并不当然地导致所获得的证据被排除,只有在所违反的特定成文法规定是"直接地或者实质性地执行"国会限制使用电子

---

① 孙长永:《侦查程序与人权》,中国方正出版社2000年版,第133页。
② 孙长永:《侦查程序与人权》,中国方正出版社2000年版,第136页。
③ 《意大利刑事诉讼法典》,黄风译,中国政法大学出版社1994年版,第90页。

监听的意图的，或者"旨在成文法框架中起核心作用的"才要求排除因此而获得的证据。[①]

　　总体而言，"人权保障模式"严格约束侦查部门权力，强调对相对人权利的保护，是法治发达国家普遍采用的类型，对极易侵害相对人权利的主动型侦查措施尤为必要，也应作为我国将来技术侦查应然的价值目标。但在我国当前阶段职务犯罪形势严峻，惩治该类犯罪任务十分繁重的情形下，似不宜提倡，而且，我国现阶段的刑事司法体制、法律从业人员的法治理念及现实的司法资源尚不能支撑起此种价值取向的技术侦查，只能走渐进的刑事程序法治建设之路。"犯罪控制模式"如果在公职人员法治和人权保障观念尚待加强的国家（例如当前阶段的我国）适用，极易造成便宜公权力行使的流弊，值得警惕。因而，这两种价值类型都不宜提倡，原因在于，笔者认为，中国法治现代化过程中，常常受到一些不切实际的理想和目标的困扰，以致出现"南橘北枳"的尴尬局面。这里仅以一些法治发达国家新近的法律动向传导到我国产生的一些负面效应为例，对司法可能产生专制的警惕，成为所谓司法民主以限制司法权的行使，干预法官证据调查和心证形成的理论利器；反恐压力下沉默权的限制行使，转为中国刑事证据搜集过程中可以适当刑讯的托辞；英美法系成熟的证据规则及完善的对抗制庭审环境下放宽传闻证据适用的理论，成为中国可以不引入传闻规则的借口；等等。在法治发达国家上述现象中，有些属于纯粹的理论反思，有些则是现代法治国家制度运行中的新调整，但都有些后现代的意蕴，然而，必须以法治的发达为前提，法治的基本价值仍然得到信守。在中国产生理解上的偏失，显然与缺乏成熟的法治理念有关。笔者担心，这里列举的两种价值类型侦查，也会因其与我国现实的司法体制和诉讼机制不相吻

---

① 　孙长永：《侦查程序与人权》，中国方正出版社 2000 年版，第 142 页。

合而造成惩治不力或漠视人权的流弊，不能不引起重视。①

（二）我国职务犯罪技术侦查的应然价值取向

根据我国职务犯罪的实际情况，笔者认为，比较而言，我国对职务犯罪的技术侦查应以"权利平衡模式"为宜，努力实现在司法机关惩治犯罪，追求实体正义和保护公民个人权利、维护程序正义之间保持平衡。这既是我国宪法规定的"国家尊重和保障人权"在刑事诉讼中的重要体现和实践，也是我国加入《经济、社会、文化权利国际公约》和《公民权利和政治权利国际公约》，承担其中保障人权国际义务的题中应有之义。申言之，以"权利平衡型"为我国职务犯罪技术侦查的价值取向符合修订后的刑事诉讼法的总体目标。此次刑事诉讼法修改的最大亮点，就是积极回应最新修订的宪法修正案关于"国家尊重和保障人权"条款，将"尊重和保障人权"明确写入法典之中，立法所要追求的目标就是立足于"制约公权，保障人权"，树立尊重和保障人权的理念，从过去"在打击犯罪中保障人权"变为"在保障人权中打击犯罪"。这不仅为我国刑事诉讼法治化进程的推进奠定了良好的基础，也为扭转刑事侦查和刑事司法部门人员的办案理念，推进刑事程序法治建设迈出了坚实的一步。

如前所述，我国社会正处于转型时期，法治建设在很大程度上处于过渡阶段，尚没有形成一个"学识法律家集团"，司法主体总体上不仅业务能力不足，而且法律意识、现代社会的执法与司法意识、操守和品质等方面的素质不足，即职业法律家的"学养"不足。② 关于程序正义，尽管近年来程序公正的理念经由学术界的

---

① 参见何邦武：《近代证据法学知识系谱研究：意旨、方法与进路》，载《求索》2015年第2期。

② 龙宗智：《相对合理主义》，中国政法大学出版社1994年版，第12页。

研究和传布，在司法及整个社会有了一定的影响，但我国刑事司法中向有重视实体真实而轻视程序公正的传统，并成为弥散于整个社会的主流意识，形成一种集体无意识。更为紧要的是，这一重实体、轻程序的传统还会对以后的制度演变、制度互动产生深远影响，形成所谓"路径依赖"，并极易形成一种锁定效应（lock－in）。① 虽然近几年来，司法"改革"的措施频频出台，公安司法队伍的教育整顿反复进行，但是，不论是公、检、法机关的具体办案人员及其主管领导，还是与案件有直接利害关系的当事人及其辩护人、代理人，乃至普通的公众，对于一个具体案件的关注焦点主要还是集中在实体处理上。如果程序违法没有导致实体上的不法后果或危害，不影响对被告人的定罪或量刑，几乎没有谁会认真追问。由此可见，变革我国重实体轻程序的司法理念，使刑事诉讼从"行政治罪法"向"法治化"转变，可能还需要相当长的时间。② 归纳言之，在我国当下的司法环境所能承载的限度内，应当是"权利平衡模式"较为合理可行。

需要说明的是，无论哪种价值取向类型，都不会仅选择某种单一的价值目标。"现代刑事诉讼还是一种利益多元的制度。既要打击犯罪，又要保护权利；既要实体公正，又要程序正当；既要维护公正，又要实现效率。因此，它必然是一种权力约束的，即国家权力相互制衡，国家权力与公民权利能够实现相对平衡的制度。"③易言之，在对各种价值目标中作出选择时，社会、政治情势必然要求立法者应当从均衡的原则出发，实现各价值目标的综合和协调，所谓的价值取向仅具有相对意义。

---

① 参见秦晖：《"制度碰撞"与"文化交融"》，载 http：//finance. sina. com. cn/financecomment，访问时间：2013 年 1 月 24 日。

② 参见何邦武：《刑事传闻规则研究》，法律出版社 2009 年版，第 255 页。

③ 龙宗智：《徘徊于传统与现代之间：中国刑事诉讼法再修改研究》，法律出版社 2005 年版，第 5 页。

五、本章小结

以"权利平衡模式"作为我国现阶段职务犯罪技术侦查的价值目标，尽管将以其适度超前性对现行刑事侦查制度及理念提供一种"范导"，使其从制度到理念逐步走向刑事程序法治，但在乐观的预期之外，后者的滞缓效应不容轻视。前文所述的当下刑事程序法治理念在一般公众乃至司法从业人员中薄弱的现状，以及难以在短时间内发生根本性变更的现实，已经作了充分的说明。

尤其值得注意的是，徘徊于传统和现代之间（龙宗智）的现行刑事侦查制度尚不足以为"权利平衡模式"提供适宜的制度环境。已经过两次较大规模修改的刑事诉讼法，一直以"人民法院、人民检察院和公安机关进行刑事诉讼，应当分工负责，互相配合，互相制约，以保证准确有效地执行法律"为刑事诉讼的基本原则，尽管该原则用语本身缺少法律语言的意蕴因之很难作精当的分析，但置身于中国"威权式"诉讼理念指导下的刑事司法语境，由于"任何规范都无法排除价值判断（拉伦茨）"，对此原则文本的文义释读只能是：我国刑事诉讼系一种有特定倾向即以"治罪"为旨归的"政法体制"，公、检、法三家为实现"准确有效地执行法律"的目标，在分工、制约的"显规则"之下，实行的则是分工负责、互相配合的"潜规则"，其形象的表述是所谓"公安机关做菜，检察院端菜，法院吃菜"，侦查权在整个刑事诉讼中的中心地位十分明显。这种政法体制以具体的制度体现在整个刑事诉讼中，其中最核心的是，我国审前程序中尚没有司法审查制度，审前阶段处于事实上的公权力封闭运行状态，犯罪嫌疑人成为侦查行为实质上的客体，有关技术侦查的审批也只是检察机关的内部报批程序。因此，在这种政法体制得以改革、制度性障碍真正消除之前，侦查阶段犯罪嫌疑人的诉讼权利保护只具有相对意义，"权利平衡模式"的制度性落实将道阻且长。①

---

① 由于制度与理念之间的互为因果效应，制度及其影响下的理念还直接制约着实际办案人员的办案意识和思维。刑事诉讼法修订并正式实施以来，各部门或独立或联合制定了相应的解释或实施细则。透过对有关部门制定的刑事诉讼实施规则的解读，也可以发现，有关部门实际信守的还是以惩治犯罪为第一要义的"犯罪控制模式"，程序正义、权利保护、权力受限尚未能进入他们的"法眼"。就本书讨论的职务犯罪技术侦查而言，最高人民检察院等有关部门于 2011 年先后印发了《关于加强检察机关职务犯罪侦查信息化建设意见》、《关于检察机关职务犯罪侦查信息化建设的实施方案》及公安部等 16 家单位共同签发《关于建立实名制信息快速查询协作执法机制的实施意见》，要求采用专线联网、查询快速通道和定期拷贝三种方式，协调相关单位，建立对查办案件起基础作用的社会公共信息资料侦查信息查询平台。笔者认真阅读了有关规则及来自检察系统的人员关于执行此类规则的建议和设想，隐约感觉到其中的便宜侦查及权力优位意识，验证了笔者对当下我国刑事侦查体制属"犯罪控制模式"的判断。但深入研究尚容笔者以后在资料掌握充分后再作详细分析。

第三章　职务犯罪技术侦查的基本原则

一、引言

　　法律原则问题曾是实证主义法学派与自然法学派论争的阵地之一。自哈特发表《实证主义与法律和道德的分离》一文以后，法律与道德的分离命题（separation thesis）被视为哈特乃至法律实证主义的一项基本主张，并由此开启了两大主流法学理论的旷世之争。然而，围绕法律与道德关系这一主题所进行的哈特与富勒的论战，德沃金对哈特理论从法律原则固有的政治道德内涵立场出发所进行的批判，以及来自实证主义法学阵营的拉兹、科尔曼等人对实证主义法学基本主张的捍卫和理论的修正，虽然确曾构成一个乱花渐欲迷人眼的"法律的现代性剧场"（强世功），但其中上演的则是现代性法律以反讽的方式展开的一次自我表演的喜剧，二者的争论不过是在捍卫现代性的法律意识形态，即自由主义法治的两种不同的策略路线的争论而已。经过这场旷日持久的论战，法理学的两大阵营——实证主义法学和自然法学——均走向反思、整合之路，呈现调和与折中的色彩：实证主义法学在论争中出现了排他性实证主义与包容性实证主义流派的分化，但都正视法律中道德因素存在的事实。自然法则几乎是主动地、不知不觉地讨好实在法，向实在法靠拢，并试图将自己的合理性建立在实在法的技术平台上。①

本书无意就两派的法理论争作全方位的展示，在简略交代两派法学论战的实质后，仅拟以此为背景就论战中涉及的法律原则问题略作分梳。法律原则问题的论争缘起于哈特基于分离命题及内在观点（规则的内化）而创设的承认规则理论。② 经由承认规则，法律体系成为一种一体化和封闭的逻辑体系，是一个由系谱规则（ped-igree）保障效力的规则体系，因此，正确的法律决定可以依据逻辑手段从先在的法律规则中演绎出来，而无须借助社会目标、政策和道德准则。③ 哈特引入承认规则的目的，在于可以其挽救义务性的初级规则自身的不确定性。④ 与之相关，这一规则模式理论自然没有给原则留下存在的空间。哈特的本意是借此推开法律原则，从而避免其中裹挟的纠缠不清的道德因素。哈氏这一堪称精致的实证主义法理论由此成为德沃金批判的起点。后者认为，法律原则是法律体系中必不可少的成员，并且与法律规则存在逻辑上的差别，而

---

① 参见强世功：《法律的现代性剧场》，法律出版社 2006 年版，第 83 页以下。需要说明的是，这里所谓的实在法（posited law），其真正含义并非是实际存在的法律，而是人所制定的法律。换言之，实在法的外延不限于事实上曾经存在和现行有效的所有法律，还包括将来可能存在的以及即使将来不会存在但在逻辑上可能存在的、由人所制定的法律体系。因此，其外延实际已超越了概念本身。See H. L. A. Hart, Positivism and the Separation of Law and Morals, in his Essays In Jurisprudence and Philosophy. Oxford ：Clar-endon Press, 1983.

② 承认规则作为哈特"二阶规则"中最主要的次级规则，具有经验性和终极性，能够为整个法律体系提供效力来源。同时，承认规则并非以明确的规则形式存在，大多数情况下是通过鉴别特定规则是否属于法律体系一员的方式显现出来。See H. L. A. Hart, The Concept of Law, Oxford：Clarendon Press, revisit edition, 1994, pp. 101 – 107.

③ H. L. A. Hart, Positivism and the Separation of Law and Morals, in his Essays In Jurisprudence and Philosophy. pp. 57 – 58.

④ H. L. A. Hart, The Concept of Law, pp. 94 – 95.

承认规则无法鉴别法律原则，进而无法成为法律原则的效力渊源。法律原则背后是对其有约束力的政治道德，后者源自一段时期内自法律职业群体或公众中形成的某种"共识"（sense of appropriateness）。[①] 在实证主义法学一方，哈特之后，相继有论战者继续就原则问题进行论辩，其共同的理论预设是，由于人们的道德观念存在广泛分歧，如果以道德作为法律的合法性标准，对什么是法律的判断就很难形成公共的、可识别的权威性标准，只能诉诸个人的道德判断。[②] 因此，即使是将原则纳入法律之中，仍然要求其经过承认规则的鉴别，从而对法律原则采取审慎的态度则是一致的。总体而言，法律原则的存在虽然是不争的事实，但如何对待法律原则中的道德因素，是双方共同面临的难题。即使在德沃金一方，也注意将法律原则中的道德与一般道德作出区分，力求实现一种道德客观主义。

如果将前文讨论的法律原则问题及其面临的难题置放在我国刑事诉讼法律体系中，探究有关职务犯罪技术侦查所应遵循的原则时，将面临更加复杂尴尬的情形。行进在刑事程序法治之路上的中国刑事诉讼制度，其所潜存的理念仍徘徊于传统与现代之间，受政法体制的制约和刑事治罪政策的驱使，有关刑事诉讼法律原则所蕴含的政治道德尚不具备完善的共识道德观。易言之，刑事治罪理念下的法律原则，体现的是一种惩治刑事犯罪的政策，围绕着特定的经济、社会或者政治问题而展开，具有目的指向。与具有公平、正

[①] Ronald Dworkin, Taking Rights Seriously, Cambridge, Mass.：Harvard University Press，1978，pp. 40 - 44. 有学者将 sense of appropriateness 译为"妥当感"，笔者以为不洽。参见庄世同：《Ronald Dworkin 与柔性实证主义》，载《月旦法学》2000 年第 64 期。

[②] 参见范立波：《分离命题与法律实证主义》，载《法律科学》2009 年第 2 期。有关实证主义法学与德沃金关于法律原则问题的论争还可参见陈景辉：《法律的界限：实证主义命题群之展开》一书中的相关论述，中国政法大学出版社 2007 年版。

义指向的共识道德观指引下的政治道德明显不同。① 受此影响，我国刑事诉讼中，根据刑事政策的需要，确立了一些特有的法律原则，而刑事程序法治视野下的刑事诉讼的基本原则尚没有完全落实于我国的刑事诉讼法律制度中。以致在论及刑事诉讼基本原则时，采用了"国际通行的刑事诉讼基本原则"与"中国刑事诉讼基本原则"二分的知识格局。② 另外，与前述治罪理念相关，我国刑事诉讼法律制度用语中还普遍存在意识形态话语。这里仅以《刑事诉讼法》第2条为例，该条规定了"惩罚犯罪，保障无罪的人不受追究、教育公民自觉遵守法律"的刑事诉讼任务。如果用福柯权力与话语的关系理论考量，可以发现，这里话语的主体是国家，体现的是国家优位的权力结构，与共识价值下的刑事诉讼的应然原则、规则存在差异而非差距。由于制度与理念的交互影响，由此理念出发，将使一些既定的法律原则的意义、目的等与通行的法律原则应然的内涵有所不同。

总之，受制于我国刑事诉讼原则所能提供的制度环境，加之职务犯罪技术侦查既有立法的简约，有关职务犯罪技术侦查的基本原则零散、简陋，甚至处于真空状态，远没能达到系统、完备的程度。有鉴于此，本章拟立足法教义学立场，通过对我国宪法相关条文、刑事诉讼法的系统解读，在对有关技术侦查自身相关规则语义推求的基础上，寻绎职务犯罪技术侦查应然和系统的基本原则。之所以采取这一系统方法，是因为，从立法技术来看，一般情况下，

---

① Ronald Dworkin, Taking Rights Seriously, Cambridge, Mass.: Harvard University Press, 1978, p. 22.

② 这种二分的原则阐述方式已成为一种通行的做法，尤其在有关刑事诉讼法学的教材中十分常见，有关中国刑事诉讼特有原则主要是根据刑事诉讼法的部分条文归纳而成，研习刑事诉讼法律者亦多能耳熟能详，恕不一一列举。关于我国特有的刑事诉讼法律原则与国际通行的原则之间的差异，可参见谢佑平、万毅的《刑事诉讼法原则：程序正义的基石》中的有关论述，法律出版社2002年版，第91页以下。

刑事诉讼原则通过以下三种途径在立法中确认：一是由宪法明文规定，从而构成宪法性原则，如一些国家的无罪推定原则、不得强迫任何人自证其罪原则等；二是由刑事诉讼法加以具体规定，并由一系列具体原则和程序规则加以保障；三是尽管在宪法和其他法律中没有得到明文规定，却体现在一系列具体原则和程序规则之中。[①]

同时，根据布莱克法律辞典对法律原则的界定，法律原则是法律的基本原理或者规则，是关于行为、程序或者法律决定的已经固定的原理，是被清楚地规定的，除非排除一个更加清楚的原则的规定，不能加以证明或者推翻。[②] 因此，由于法律原则稳固的公理性特质，本章更多述而不作，仅遵照职务犯罪技术侦查在整个刑事诉讼制度系统中的逻辑位阶，逐层梳理技术侦查的基本原则。亦即，本章将结合《中华人民共和国宪法》有关条款及修订后的刑事诉讼法，本着承认差异，认同共识，以刑事程序法治理念下的共同原则为导引的精神，首先梳理职务犯罪技术侦查应当遵循的共同原则。在此基础上，厘清我国职务犯罪技术侦查所应遵循的特殊原则，力争妥当处理好刑事程序法治视野下的政治道德与政法理念下的特定政治道德在技术侦查原则中的关系。

二、职务犯罪技术侦查应当遵循的共同原则

职务犯罪技术侦查首先受制于刑事诉讼中，政府公权力与公民权利博弈时应当遵守的基本原则，当为其首要的基础性原则。在这些基本诉讼原则中，无罪推定原则、程序参与原则与刑事程序法定原则是理当遵循的三大原则。在此之上，由于职务犯罪技术侦查隶属于刑事诉讼的犯罪侦查，因而，有关犯罪侦查的基本原则尤其是关于强制侦查的原则，也属于职务犯罪技术侦查应当遵守的原则。

---

① 陈瑞华：《刑事审判原理论》，北京大学出版社 1997 年版，第 127 页以下。

② Black's Law Dictionary，abridged sixth ed.，West Publishing Co.，1991，p. 828.

其中，在强制侦查应当遵守的原则上，学界极不一致，这里参酌既有主张，结合技术侦查的特点，重点介绍令状原则、比例原则和秘密原则三项原则。

（一）无罪推定原则

无罪推定原则（presumption of innocence），意指任何人在未经审判证明有罪确定前，应假定其无罪。在英美法系刑事程序中，无罪推定存在于证实任何犯罪的过程中。[①] 在大陆法系国家，也普遍确立了该原则，甚至被规定于宪法之中。例如，法国1789年《人权宣言》第9条规定："任何人在未经判罪前均应假定无罪。"意大利1947年《宪法》第27条规定："被告人在最终定罪之前，不得被认为有罪。"该项原则还被联合国法律文件所确认。因此，无罪推定原则是现代法治国家刑事司法通行的一项重要原则，是国际公约确认和保护的一项基本人权，也是联合国在刑事司法领域制定和推行的最低限度标准之一。无罪推定原则是随着法治文明的进化，在刑事诉讼中摒弃有罪推定的原则而逐渐发展形成的，已被公认为刑事诉讼的基石。从其对程序正义的维护而言，无罪推定原则的核心，是对被告人诉讼主体地位的肯认，充分体现了尊重基本人权和人的人格尊严的理念。无罪推定原则为被追诉者充分行使诉讼权利奠定了坚定的法律基础，并成为任何人受到无根据或不公正的定罪的重要障碍，使证明被告犯罪的责任由控诉一方承担，被告人不负证明自己无罪的义务。亦即，在法院依法判决之前，任何人都不处于有罪公民的地位。具体体现在以下几个方面：一是被追诉者在被起诉前处于犯罪嫌疑人的地位，被起诉后则处于被告人的地位，从而避免将其视为"有罪者"、"人犯"或"罪犯"。二是在

---

① ［英］J. W. 塞西尔·特纳：《肯尼刑法原理》，王国庆等译，华夏出版社1989年版，第487页。

法庭审判过程中，公诉人负有提出证据证明被告人有罪的责任，被告人不承担证明自己有罪或无罪的义务。三是疑罪从无，即公诉人不能提出确实充分的证据证实被告人的罪行，法庭经过庭审和补充性调查也不能查明被告人有罪的事实，那么就只能判定被告人无罪。

　　一方面，就审前侦查阶段而言，无罪推定原则的确立，可以促使警察与检察机关在调查犯罪、搜集证据时需更加谨慎，而不至于草率办案，甚至故意违法、栽赃无辜，在积极寻找证据的同时也更能接近事实真相，达到罪刑相当原则的要求。在技术侦查中，根据无罪推定原则的要求，公权力部门启动技术侦查必须具备相当理由，而且，针对职务犯罪的初查中应当严禁使用技术侦查手段，这对于犯罪嫌疑人来说，无疑成为保护其诉讼及人身权利的一种屏障。另一方面，无罪推定还因其保障了犯罪嫌疑人的诉讼主体地位，可使其积极行使诉讼权利，并以此对抗政府公权力。

（二）程序参与原则

　　程序参与原则是程序作为看得见的正义的基本要求，也是戈尔丁关于程序9条标准中的多条关涉的内容，其基本含义是，程序所涉利益者或者他们的代表，能够参加诉讼，对与自己的人身、财产等权利相关的事项，有知悉权及发表意见权，国家有义务保障当事人的程序参与权。

　　程序参与原则要求在以下事项中，必须予当事人以诉讼主体地位，保障其真正参与到程序之中：一是程序所涉利益者或其代表，在办案机关作出与其利益相关的决定时，能够到场并陈述意见。二是程序所涉利益者或其代表有参与诉讼的顺畅途径。这就要求刑事诉讼的程序不仅应当表明允许诉讼关系人参与，而且更应当在实质上保证其参与到与之相关的程序中。程序参与者应有充分的机会陈述自己的意见、观点和主张，提出据以支持其主张的证据，并拥有为进行这些活动所必需的时间上及机会上的便利和程序保障，从而对程序的进行及诉讼活动结果的产生发挥实质性影响。[1]

在职务犯罪技术侦查程序中，有关相对人知情权的规定即是程序参与原则的具体体现。

（三）刑事程序法定原则

刑事程序法定原则在立法层面是指，刑事诉讼程序应当由法律事先明确规定，不得针对特定的案件或者特定的人事后设立刑事程序，以保证所有案件、所有当事人受到公平的对待。比较而言，程序法定原则对于立法机关的要求更为严格，程序法定原则要求立法机关在法律制定之初，必须基于程序公正和良善的要求，充分考虑各项措施实施的危害性及后果，并在法律制定过程中尽量避免这些危害。这里的法律，仅指狭义上的反映民意的国家立法机关制定的法律。因此，剥夺、限制公民基本权利的刑事程序只能由立法机关制定的法律预先规定。[2] 对司法机关而言，则是指刑事诉讼活动应当依据国家法律规定的程序来进行。即国家刑事司法机关的职权及其追究犯罪、惩罚犯罪的程序，都只能由作为国民代表集合体的立法机关所制定的法律即刑事诉讼法来加以明确规定，刑事诉讼法没有明确赋予的职权，司法机关不得行使；司法机关也不得违背刑事诉讼法所明确设定的程序规则而任意决定诉讼的进程。但需要注意的是：在将抽象的刑事诉讼法律条文适用于具体案件时，有时需要制定技术性规则或者对法律条文作出解释。对此，有一个基本原则，就是影响公民基本权利和诉讼权利的规范只能由法律规定，不

---

① 参见宋英辉、孙长永、刘新魁等：《外国刑事诉讼法》，法律出版社 2006 年版，第 32 页。

② 参见宋英辉、孙长永、刘新魁等：《外国刑事诉讼法》，法律出版社 2006 年版，第 23 页。

损害公民基本权利和诉讼权利而仅属于技术性的规则，可以由司法机关制定；对刑事诉讼法的解释以存在法律规范的规定为前提，且应当符合法律精神，不得通过司法解释创制法律，或者违背法律精神解释法律。

程序法定原则不同于一般意义上的例如中国古代君主专制时期奉行的"治道运行，皆有法式"，后者虽然也注意到权力运行的程式和章法，但缺乏公正、良善的基础。而程序法定原则是法治国家的必然要求，是国民主权原理的体现。法治国家的基本要求是，国家权力首先必须是一种法律权力或法定权力，国家权力必须在作为民意代表的代议机关即立法机关制定的法律所授权的范围内行使，法律所明确授权的范围就是国家权力行使的界限，越此界限则国家权力的行使应当归于无效。因此，法治原则实际上是基于国民主权的政治原则而强调国家权力行使的合法性。程序法定原则最早出现在法国1789年的《人权宣言》中，其基本精神是：对任何人进行控告乃至刑事处罚，都必须依法律规定为准，并依据法律规定的既有程序进行，否则不得进行任何处罚。并在1791年将其加入法国宪法。这一原则很快被各大陆法系国家认可且编入相应的法律中。在英美法系国家，与刑事程序法定原则精神相通的，有"正当程序"的理念，其基本含义是："除非事先经过依据调整司法程序的既定规则进行审判，任何人不得被剥夺生命、自由、财产或者法律赋予的其他权利。"①《美国宪法修正案》第14条即集中体现了这一原则精神。

立足于职务犯罪技术侦查领域，遵照刑事程序法定原则，还应注意的是，凡是期待隐私权较高的地方，对侦查机关的权力限制就更加严格。例如，美国法中，对警察超出"一目了然"（open view）的查看、利用辅助工具进行观察、对于废弃物品的开拆以及

---

① Black's Law Dictionary, abridged sixth ed. , p. 346.

同意搜查，都作出了一些规定。由于这些规则过分繁杂，有些界限不一定很清楚，引起学者、警察和检察官的批评。如一位纽约检察官指责道，联邦最高法院的规则过分技术化，以致在某些情况下，"即使首席大法官坐在警察的车子上"，他也不能明确地告诉警察该怎么做。① 美国法律对技术侦查程序性规定的严密近乎苛刻，从一个侧面反映了美国法律对程序法定的重视。

（四）令状（warrant）原则

所谓令状，是指记载有关强制性措施裁判的裁判书。令状原则即指在进行强制性措施时，关于该强制性措施是否合法，必须由法院或者法官予以判断并签署令状；当执行强制性措施时，原则上必须向被处分人出示该令状。令状原则是在刑事审判前程序中最直观地体现司法抑制和人权保障理念的一项原则，为现代法治国家所共同遵守。

在大陆法系国家，传统上对于强制侦查的控制主要通过成文法对每一种侦查行为的实体要件、程序要件及实施程序作详细规定，对于有关人身自由的强制措施还规定了一定的期限限制，法官对于侦查行为的干预主要表现为事先的批准，而不是事后的审查，因而属于一种"静态抑制"的方式。英美法系国家对于强制侦查的控制则采取"动态抑制"的方式，不仅原则上必须事先经过法官批准，且该令状本身必须具有"特定性"（即具体地指明令状适用的人或物、时间、根据等，不能是"概括令状"），而且执行令状后仍须受到法官的审查。但总体而言，两大法系在令状制度上有趋同的趋势。②

---

① 参见 Harvey B. Levinson, Judges Can't Agree About Illegal Evidence, N. Y. Times, Feb. 2. 1990 at A 30。

② 孙长永：《侦查程序与人权》，中国方正出版社 2000 年版，第 26 页以下。

进入 20 世纪中期以后，随着国际人权保障法律制度的不断发展，大陆法系各国程度不同地对传统的侦查构造进行了改革，其中最重要的措施是预审司法化或者废除预审，同时相应地加强对嫌疑人和被告人的程序保护。因此之故，令状原则在审前程序中的重要性更加突出。但是在我国，由于实行公、检、法分工负责、互相配合的政法体制，且宪法规定，检察机关系享有法律监督权的司法机关，因此，我国的刑事审前程序尚无审判机关介入，还不曾存在规范意义上的令状原则。尤其在职务犯罪技术侦查中，申请使用和批准实施技术侦查手段的主体同属于检察机关内部不同部门，其中立性和公正性一直不无争议。

（五）比例原则

比例原则，即侦查行为实施的强度必须与案件的情况相适应，控制在必要的限度内。比例原则包含三项子原则：一是合目的性原则。该原则要求公权力机关所采取的每一项措施都必须以实现宪法或法律所规定的职能为目标，并且每一项措施都必须有利于实现其法定职能和目标。二是必要性原则。即要求公权力机关在实现某一职能目标时，如果必须对公民权利加以限制或剥夺，应当选择对公民权利损害最小的手段，尽可能避免对公民权利造成不必要的损害。三是相称性原则。要求公权力机关实施的任何职权行为，对公民权利造成的损害都不得大于该行为所能保护的国家和社会利益。在大陆法系国家，对各种类型的强制侦查实施的实质要件均作出规定，其基本精神是将强制侦查控制在合理和必要的限度内。在英美法系国家，法律或判例常以"可能的原因"、"合理的怀疑"、"合理的根据相信"、"清楚而令人信服的证据"等证据标准，作为比例原则的具体要求。以本书讨论的技术侦查为例，关于监听的申请令状的批准，在美国，法官批准监听申请的实质要件有两个：一是普通侦查手段已经尝试过并失败了，或者即使采用也可能不成功或太危险；二是有合理的根据相信三种事项：（1）某个人正在实施、已经实施或者即将实施《美国法典》第三编第2516条规定的属于监听范围内的犯罪；（2）通过监听可以获得有关犯罪的特定通讯；（3）准备监听通讯的设备或场所正在或即将被用于与实施上述犯罪有关的活动，或者被这个人所租用或登记在其名下或通常由他使用，但法律另有规定的除外①。这三个条件的基本精神是要求"特定"监听对象，即犯罪特定、通讯特定、通讯手段或场所特定，以贯彻"令状主义"对于普通搜查和扣押的"特定性"要求。《意大利刑事诉讼法》也明确规定，预审法官批准、认可或者检察官决定进行窃听的前提条件有两个：一是存在重大犯罪嫌疑，即有重要理由相信某人实施了法定范围内的严重犯罪；二是窃听对于侦查确有必要，即没有其他方法可收集到证据的。这关系到比例原则的适用，也是法律对于正义、平等的要求。第一个条件是比例原则的要求，第二个条件是谦抑原则的要求。《德国刑事诉讼法》第110条a规定派遣秘密侦查员的实质要件之一是：只能在采用其他方式侦查将成效渺茫或者十分困难的情况下。联合国1990年12月14日批准的《执法人员使用武力和火器的基本原则6》第4条规定：执法人员在执勤时应尽可能采用非武力手段，最后不得已方可求助使用武力或火器。他们只能在其他手段起不到作用或没有希望达到预期的结果时方可使用武力和火器。②

从刑事诉讼法等一些法律规定来判断，我国刑事强制侦查中，也以类似于英美法系的证明标准体现了比例原则的基本精神。笔者将在后文中详作分析。

---

① 《美国法典》第三编第2518条第7款。
② 王建明：《职务犯罪侦查措施的结构、功能及适用原则》，载《中国法学》2007年第5期。

三、职务犯罪技术侦查应当遵循的特殊原则

如前文所述，虽然同为强制型侦查手段，但技术侦查因其使用方式的隐秘性，使用手段的高科技性，对相对人权利尤其是隐私权的潜在侵害十分严重。有鉴于此，法治国家均在控制一般强制侦查手段适用原则的基础上，对技术侦查手段设定更加严格和有针对性的原则。

（一）重罪原则

所谓"重罪原则"，是指技术侦查措施不能适用于对社会自由轻微危害的犯罪，它只适用于那些对社会将造成严重危害的犯罪。因为相较于其他侦查手段而言，技术侦查手段更易对相对人的权益造成损害，特别是随着社会发展日益受到重视的隐私权等隐性权利。采取技术侦查措施的适用，必须与犯罪所造成的社会危害性相当，不能为了追究轻微刑事案件便随意动用技术侦查手段。凡是适用其他法律足以抑制某种违法行为、足以保护合法权益时，就不要将其规定为犯罪；凡是适用较轻的制裁方法足以抑制某种犯罪行为、足以保护合法权益时，就不要规定较重的制裁方法[1]。

综观各国立法例，在重罪标准的把握上，一般有三种标准：第一种是以刑期为标准，如《法国刑事诉讼法》第100条规定："在重罪或轻罪案件中，如果可能判处的刑罚为二年或二年以上监禁，预审法官为了侦查的必须，可以决定截留、登记和抄录邮电通讯。"[2] 第二种是以犯罪性质为标准，即列举具体罪名确定重罪范

---

[1] 王建明：《职务犯罪侦查措施的结构、功能及适用原则》，载《中国法学》2007年第5期。

[2] 《法国刑事诉讼法》，余叔通、谢朝阳译，中国政法大学出版社1995年版，第51页。

围，如《德国刑事诉讼法》第 100 条规定只有对刑事诉讼法中明确列举的重大犯罪，比如反和平罪、叛逆罪、叛国罪等有关国家安全的犯罪，以及伪造货币、贩卖人口、杀人、敲诈、贩毒和危害公共安全的犯罪，才允许命令监视录制其电讯往来①。第三种是将以上两个标准相结合作为一个标准，如《意大利刑事诉讼法》规定，可以采取技术侦查措施的范围包括：依法应处无期徒刑或 5 年以上有期徒刑的非过失犯罪和妨害公共管理的犯罪，或者是涉及麻醉品和精神刺激药物的犯罪，涉及武器和爆炸物的犯罪、走私犯罪和利用电话实施侵辱、威胁、骚扰或干扰他人的犯罪等②。

我国《刑事诉讼法》第 148 条规定："人民检察院在立案后，对于重大的贪污、贿赂犯罪案件以及利用职权实施的严重侵犯公民人身权利的重大犯罪案件，根据侦查犯罪的需要，经过严格的批准手续，可以采取技术侦查措施，按照规定交有关机关执行。"由此可见，我国于职务犯罪中适用技术侦查手段的范围，采用罪名列举式，即只有在重大的贪污、贿赂犯罪案件以及利用职权实施的严重侵犯公民人身权利的重大犯罪案件，方才能采取技术侦查措施。③

---

① 《德国刑事诉讼法》，李昌珂译，中国政法大学出版社 1995 年版，第 31 页以下。

② 《意大利刑事诉讼法》，黄风译，中国政法大学出版社 1994 年版，第 89 页。

③ 《最高人民检察院刑事诉讼规则（试行）》（2012）对《刑事诉讼法》列举的罪名做了进一步细化，根据该规则第 263 条："人民检察院在立案后，对于涉案数额在十万元以上、采取其他方法难以收集证据的重大贪污、贿赂犯罪案件以及利用职权实施的严重侵犯公民人身权利的重大犯罪案件，经过严格的批准手续，可以采取技术侦查措施，交有关机关执行。本条规定的贪污、贿赂犯罪包括刑法分则第八章规定的贪污罪、受贿罪、单位受贿罪、行贿罪、对单位行贿罪、介绍贿赂罪、单位行贿罪、利用影响力受贿罪。本条规定的利用职权实施的严重侵犯公民人身权利的重大犯罪案件包括有重大社会影响的、造成严重后果的或者情节特别严重的非法拘禁、非法搜查、刑讯逼供、暴力取证、虐待被监管人、报复陷害等案件。"

（二） 时限原则

所谓时限原则，是指技术侦查措施实施的期限应受到限制，只能在一定期限内进行，并不能无限期适用。该原则的意义在于，设置一定的期限可以对侦查机关行使权力进行时间上的约束，防止其过度而不受控制。如果侦查机关在规定的时间内仍不能查清犯罪事实，只能再次向审批机关提出申请，并接受其审查批准。各国对于技术侦查的立法，都设定了该原则，如《美国综合犯罪控制与街道安全法》规定，监听令状授权的监听期限不得超过完成所授权的监听必要的限度，每次监听最长不超过 30 天，自侦查机关开始监听之日或监听令下达 10 日之后起算（以先成就的一个为准)[①]；《法国刑事诉讼法》第 100 条 2 规定，电讯截留的最长期限为 4 个月，继续截留必须按同样的条件、方式和期限重新作出决定[②]。另外，德国关于技术侦查措施适用的期限为 3 个月，意大利为 15 日，日本则是每次 10 日。由此可见，各国都对技术侦查措施的适用期限给予了明确规定，尽管时间各不相同，但其出发点均在于防控侦查机关侦查权的肆意。

我国《刑事诉讼法》第 149 条对技术侦查措施适用的期限也作出了明确规定："批准决定自签发之日起三个月以内有效。对于不需要继续采取技术侦查措施的，应当及时解除；对于复杂、疑难案件，期限届满仍有必要继续采取技术侦查措施的，经过批准，有效期可以延长，每次不得超过三个月。"

（三） 保密原则

传统意义上的侦查保密原则，也被称为"侦查密行原则"、"侦查不公开原则"，主要是指侦查活动中所涉及的侦查内容对当

---

① 参见《美国法典》18 U. S. C & 2518（5）。

② 《法国刑事诉讼法》，余叔通、谢朝阳译，中国政法大学出版社 1995 年版，第 51 页。

事人保密和对社会成员保密。在大陆法系国家，随着嫌疑人和律师在侦查期间参与权的逐步扩大，对当事人保密已逐步松动，但对外界仍要求侦查机关履行保密义务。在英美法系国家，由于侦查中奉行当事人主义原则，侦查活动对当事人也是保密的。辩方对案件的了解通常来自警察对于指控罪名和事实的告知以及预审听证程序中控方的举证活动。这种侦查中的保密性最鲜明地体现在大陪审团调查程序中。① 但无论如何，两大法系在侦查对社会成员的保密上，规定是一致的。

技术侦查作为具有高科技性的现代侦查手段，无疑应当严格适用保密原则，尤其是对侦查所获取的信息，必须对社会成员严格保密。即使是享有知情权的有关当事人，也应严格遵守此项原则，不得向外界泄露有关当事人的个人情况。美国制定的《控制犯罪与街道安全综合管理条例》规定：即使通信窃听的内容是基于事实根据的，也不能够对信息随便泄露，除非这种对外公布的行为是由法院进行特别授权的，但即便如此这也只是在一定程度上披露监听的内容。同时，有关的备案材料应当进行妥善的密封。该条例还规定：如果可能的话，所有进行了监听的通讯记录都应该进行相应的记录，而不是简单地听。监听记录的内容应存档，并且至少保存10 年。《法国刑事诉讼法典》也规定，监听记录和通讯拦截操作和与其对应的注册登记录应密封。这些措施的最终目的都是防止当事人的隐私被曝光和扩散。我国《刑事诉讼法》第 150 条第 2 款也表明于技术侦查措施中应适用保密原则："侦查人员对采取技术侦查措施过程中知悉的国家秘密、商业秘密和个人隐私，应当保密；对采取技术侦查措施获取的与案件无关的材料，必须及时销毁。"

需要说明的是，实施保密原则，并非在任何情况下，对所有调

---

① 参见孙长永：《侦查程序与人权：比较法考察》，中国方正出版社 2000 年版，第 34 页以下。

查活动和调查事项都进行绝对的保密。一方面，随着犯罪嫌疑人在法庭审判中的主体地位不断上升，有权参与审前程序的范围也逐渐扩大，侦查过程中的对内与对外保密规定因之不断受到挑战。此种情形意味着，侦查行为中针对犯罪嫌疑人和受害者的保密越来越多地受到其参与权和知情权的挑战，而不断地被削弱。另一方面，侦查活动对公众和媒体的保密，也随着公众知情权的的发展和新闻自由权的不断提升而受到约束。以致在大部分国家和地区，法律及司法实践中出现了秘密侦查相对化的趋势。各国通常都规定：第一，是为了保障当事人的知情权，当事人应当具有知道有关他们自己的信息的权利，包括由国家侵犯他们的权利的信息。第二，因为如果通过技术侦查措施得到的信息来被用作作为指控方的证据，在法庭上对当事人进行指控，以便于当事人（包括他们的律师）了解情况而使得其辩护职能得以充分的发挥。第三，向社会适度公开技术侦查手段的运用情况。例如，《德国刑事诉讼法典》第 101 条第 1 款这样规定："在一次调查中，一旦侦查行为的暴露不会危及公共安全、其他人的人身安全，并且对于派遣侦查人继续使用该侦查行为不会构成危险的话，那么就应当通知当事人正在对其使用的侦查措施。"《意大利刑事诉讼法典》第 268 条也有这样的规定，实施窃听行为的情况应当立即通知当事人的辩护人，当事人的辩护人可以复制有关的资料，并且可以要求得到相应的录音带进行转录。美国于 1968 年制定的《综合犯罪控制与街道安全条例》还规定：在窃听行为结束后的 90 天之内，诉讼申请之中有指明的人，必须及时告知有关的案件的诉讼请求，以及通信是否被截获等相关情况。此外，在法庭使用通过窃听行为获得的证据进行庭审的前 10 天，案件中所有的当事人必须获得授权得以进行监听的信息。可以通过对特殊侦查适度公开的方式，使执法部门接受社会的监督，在特殊侦查的使用上保持克制和节制。在技术侦查向社会的公开上，德国"联邦议会要求联邦政府每年必须向联邦议会报告采取监听等措施的情况，各州政府采取监听等措施的情况也得向州议会报告，受州议会监督"。①

（四）限制使用原则

技术侦查的限制使用原则，主要指侦查资料的使用对象、适用范围、使用时间、保存手段及时间，以及无关材料的及时销毁等均应遵守严格的法律强制性规定。限制使用原则旨在保障相对人的隐私权，防止个人隐私被非法扩散而对侦查相对人产生不良的社会影响。遵循该原则的具体制度在各国因司法环境的不同而有不同的规定。《法国刑事诉讼法》规定，预审法官或者通过其所授权的司法警察，应该在施行技术侦查手段时，对所有的每一个拦截和登记的行为做出相应的记录。并且登记记录必须包含有开始和结束这一行动的日期和时间。最后该登记由专门的负责人负责存档保存。为了有助于高效地查明案件的事实，预审法官或通过其授权的司法警察可以复制相关的侦查信息并作记录。也可以根据国家相应的检察官或者总检察长的要求，在诉讼时效期间届满的时候销毁所有的登记记录。在《意大利刑事诉讼法》的规定当中，是否对技术侦查进行记录和记录保存的最终决策权在检察官那里。记录需要一直有专门的负责人保存着，直到不需要有关材料进行诉讼为止。犯罪嫌疑人或者技术侦查获取材料的相关关系人，可以向曾经批准进行该技术侦查行为的法官提出请求，请求相关的技术侦查行为获取的记录在法官的监督下销毁，并且做出销毁记录。在德国，信息技术获得的调查材料的储存由检察院负责。当不再需要技术侦查措施获得的材料来进行追诉，那么就应该在检察院的监督下，毫不拖延地将这些材料毁掉。并且需要对销毁的情况作出书面记录。

---

① 孙长永：《侦查程序与人权：比较法考察》，中国方正出版社 2000 年版，第 148 页。

根据我国《刑事诉讼法》第 150 条第 3 款规定："采取技术侦查措施获取的材料，只能用于对犯罪的侦查、起诉和审判，不得用于其他用途。"该款是对于刑事诉讼法中的限制使用原则的法律规定。这里条文所规定的"其他用途"主要是包括行政处罚、行政处理、纪律惩戒等措施。这一规定使技术侦查的限制使用原则得以明确确立，这是我国立法历史上一次极其重要的立法进步，极大地保障了国家对于侦查相对人的个人权利，推动了刑事诉讼立法的进步，维护了法律的权威，值得肯定。

四、我国现行职务犯罪技术侦查的基本原则评议

如果仅从修订后的刑事诉讼法有关技术侦查的几条专门立法（第 148—150 条）来判断，那么我国技术侦查已经初步体现了重罪原则、保密原则、限制使用原则和时限原则的基本理念，蕴藏着上述原则应然的共识性的政治道德，而对上述原则的模糊之处，似可期待通过解释性立法或具有中国特色的司法解释予以明晰。来自职务犯罪技术侦查具体实施和审批、监督部门的解释即最高人民检察院《人民检察院刑事诉讼规则（试行）》（2012 年 11 月 22 日公布，以下简称《刑诉规则》）也重申了上述原则，尤其是在职务犯罪初查过程中，该《刑诉规则》第 173 条明确规定不得使用技术侦查手段的禁止性规定，似乎使人更有理由相信，我国职务犯罪技术侦查基本步入了刑事程序法治轨道。然而笔者认为，对我国技术侦查基本原则的考察，应立足整个刑事诉讼制度的视角，对其作系统性分析。根据前文对技术侦查基本原则的体系化考察，笔者的观点是，即使充分肯认我国职务犯罪技术侦查制度自身已设定的基本原则，但由于在此制度体系之外，我国有关刑事强制侦查与整个刑事诉讼原则规定的不足，最终使该制度系统内的原则难以发挥应有的制度效应。原因在于，职务犯罪技术侦查的基本原则，不仅关乎技术侦查制度所设定的制度自身，而且与整个刑事强制侦查原则乃

至整个刑事诉讼的原则都存在内在的关联。

就目前整个刑事诉讼制度而言，我国刑事诉讼中尚无作为其础石的无罪推定原则。虽然《刑事诉讼法》第 12 条规定了法院的定罪权，即"未经人民法院依法判决，对任何人都不得确定有罪"。同时第 49 条规定了公诉案件中的证明责任，"公诉案件中被告人有罪的举证责任由人民检察院承担"。第 50 条还有"不得强迫任何人证实自己有罪"的规定，以及第 195 条第 3 项规定，"证据不足，不能认定被告人有罪的，应当作出证据不足、指控的犯罪不能成立的无罪判决。"尽管因此可以肯定，我国刑事诉讼中已经有了疑罪从无原则及控方承担证明责任的明确规定，但如前所述，根据《刑事诉讼法》第 7 条的规定："人民法院、人民检察院和公安机关进行刑事诉讼，应当分工负责，互相配合，互相制约，以保证准确有效地执行法律。"① 由此决定了我国现行的刑事诉讼体制是一种非以法院审判为中心的刑事治罪体制，诉讼呈现为流水线式作业模式，三机关实际上配合多而制约少，审前阶段缺乏公正独立的第三方的审查和监督。这种体制的应然结果是，由于没有直接言词审理原则的明确规定，加之公、检、法三机关事实上的权力格局（前文已有分析），法院的审判只是对审前公诉机关主导搜集证据的确认，所谓的法院定罪权和疑罪从无等无罪推定原则的合理内核只能具有十分有限的意义。"不得强迫任何人证实自己有罪"的规定，只能理解为是对公权力机关的禁止性要求，虽然该规定客观上对被告人诉讼权利的保障产生影响，但并不能视为犯罪嫌疑人或被告人的诉讼权利条款。从近年来纠正的数起案件中，可以发现我国

---

① 该规定还可以溯源至我国宪法，《中华人民共和国宪法》第 135 条规定："人民法院、人民检察院和公安机关办理刑事案件，应当分工负责，互相配合，互相制约，以保证准确有效地执行法律。"两相对照，《刑事诉讼法》第 7 条几乎是该条的重述。

刑事诉讼实践与无罪推定原则及相关制度真正落实之间所存在的差距。[①]

有关程序法定原则与程序参与原则在现行刑事诉讼体制中的制度安排，也应该放置在分工负责、互相配合的政法体制中进行解读。根据《刑事诉讼法》第 14 条的规定："人民法院、人民检察院和公安机关应当保障犯罪嫌疑人、被告人和其他诉讼参与人依法享有的辩护权和其他诉讼权利。"根据该规定，我国刑事诉讼的主导方为人民法院、人民检察院和公安机关，而犯罪嫌疑人、被告人只是刑事诉讼中的参与人，由此，理论界关于刑事诉讼主体的理论中，几乎一致的说法是，公、检、法是我国刑事诉讼的专门机关，犯罪嫌疑人、被告人只是其中的参与人，后者不是作为诉讼法律关系的一方主体。法典对于各诉讼法律关系主体的界定，十分耐人寻味，即公、检、法三机关是刑事诉讼的"专门机关"，而对犯罪嫌疑人、被告人、被害人、证人等则皆以"诉讼参与人"名之，并不视其为诉讼的一方主体，在规范法学中关于主体权利和义务的规定自然无足轻重。所谓"名不正，则言不顺"，在公权力居于垄断和主导地位的诉讼格局中，程序法定与程序参与原则的政治道德和制度安排，事实上无法得到体现并发挥诉讼效能。在有关职务犯罪的技术侦查的立法中，就没有刑事程序法治国家根据参与原则普遍设定的相对人知情权规定，也使技术侦查在实施过程中失去了一个重要的外部制约。

与我国现行刑事诉讼体制密切相关的是，在强制侦查的诸项原则中，由于没有由法院主导的独立第三方进行的审查批准制度，令状原则因此变异为由同为追诉机关的检察机关负责实施的检察监督

---

① 根据笔者掌握的资料，目前为止，真正以疑罪从无原则纠正或处理的应是浙江的"两张错案"与福建的"念斌投毒案"，但两案之中又都涉及公安机关刑讯逼供的问题。后者又进一步说明了审前阶段缺乏独立公正第三方监督审查所导致的严重后果。

原则，以致在职务犯罪案件中，立案权、侦查权、强制侦查措施批准实施权等均由同一级检察机关行使。尽管在具体运行中，大多数地方实行不同副检察长分管自侦部门和侦查监督审批部门，但毕竟是在同一个检察长领导之下，且重大复杂的案件还是由检察长或检察委员会决定，其结果，侦查监督部门对自侦部门制约的力度不大。为了改变这种自我侦查、自我审批、自我监督的负面形象，增强检察机关权力行使的公信力，在强化监督中加强对犯罪嫌疑人权利的保护，确保权力行使的合法性、公正性和权威性，检察机关曾主导了一系列自我改革。例如，针对职务犯罪侦查中的批准逮捕权，2009 年 9 月，最高人民检察院下发了《关于省级以下人民检察院立案侦查的案件由上一级人民检察院审查决定逮捕的规定（试行）》（以下简称《规定》）。根据该《规定》，自当年 9 月 1 日起，省级以下（不含省级）检察院立案侦查的案件逮捕决定权将上提一级（以下简称上提一级），但受制于现行侦查体制、取证手段、诉讼证明等，职务犯罪批准逮捕权上提一级改革在实施过程中遭遇体制性抵触，产生难以克服的障碍。①

由检察机关负责审查批准强制侦查措施的制度设置，还与我国宪法将检察机关定位为法律监督机关有直接的关系，而其背后又与检察机关作为政府公权力机关从而负有客观公正的义务的理念有不可分割的关系。但事实上，从一般意义上说，纵使检察官客观公正的义务已经成为一项国际性的职业道德准则，但无论是在大陆法系还是英美法系国家，司法实践中都存在与之相悖的现象。在德国，"检察官尽量避免提起被证明不成立的指控，但这与法律要求的公正性无关，而是检察官的效率和职业作风的要求。一旦作出起诉决定，德国检察官将抛开他们的中立姿态，尽力去赢得诉讼，甚至不

---

① 参见何邦武、张孔文：《职务犯罪批捕权上提一级改革制度分析》，载《西南政法大学学报》2011 年第 5 期。

亚于美国的检察官"。① 而在美国,"检察官在法庭内外时常无视法律之限制,猛干蛮干而做出不正当的行为,甚至伪造、变造证据在所不辞,其目的即在求胜诉。在诉讼当中检察官之心情与民事诉讼当事人几近相似"。② 这些检察实践说明,这种普遍性的要求尚无法成为刚性的制度约束。

而且,无论所谓我国检察官客观公正义务获得新的发展的理论论证如何自洽,在现行刑事诉讼体制下,其实际法律效果完全可以作另外一种解读。从宏观上看,受刑事诉讼法确立的公、检、法三机关分工负责、互相配合、互相制约的刑事治罪模式下的诉讼原则约束,我国刑事诉讼系一种有特定倾向即以"治罪"为宗旨的"政法体制",公、检、法三家为实现"准确有效地执行法律"的目标,在分工、制约的"显规则"之下,实行的则是分工负责、互相配合的"潜规则"。③ 在检察机关独立行使检察权难以充分保证的前提下,以检察官相对独立为基础的客观公正义务只能"知易行难",或者由于种种案外因素而"勉为其难"。从微观上看,检察系统内部针对检察官办案的考核机制形成的掣肘,也使得客观公正义务难以有效发挥。在职务犯罪侦查与监督中,对同一机关的不同部门之间的监督难以获得作为监督一方的超然和中立地位。例如,虽然新近实施了职务犯罪批捕权上提一级改革,但这种改革实际上是在既有的体制下检察系统内部权力的有限调整,监督的性质没有根本的变化,决定此类自侦案件中客观公正义务的履行没有新

---

① [德] 托马斯·魏根特:《德国刑事诉讼程序》,岳礼玲、温小洁译,中国政法大学出版社 2004 年版,第 41 页。

② (台湾) 黄东熊:《中外检察制度之比较》,台北"中央"文物供应社 1986 年版,第 208 页以下。

③ 参见何邦武:《亲属作证制度在近代中国的演变及启示》,载《中国法学》2014 年第 3 期。

的制度支撑。[1] 总体上看，本次规定事实上与以前法律或司法解释中对检察机关审查批准逮捕、审查起诉时所提出的要求一样，没有可操作性的制度改进，只具有倡导性，缺乏违反时的责任后果，自然不能期望实践中有新的变化。因此，这种客观公正义务更多表现为一种理想主义精神，且最终还要受到"分工负责、互相制约"体制的限制，因此，有关检察机关的审查监督最后只能变成没有规范约束力的倡导性准则，成为一种软约束。

总之，我国的职务犯罪侦查体制，可以借用传统纠问式侦查构造的特点即预备裁判性、权力集中性和单向职权调查性，对其作出归纳。[2] 就实质而言，这是一种以追惩犯罪为首要目标的体制，公权力的行使具有优位性：因过分强调打击，随意采用或者滥用强制措施，忽视人权的保障，侵犯当事人合法权益；强调保障诉讼的顺利进行，忽视司法公正；缺乏接受监督的意识，司法专横等。与之相应，犯罪嫌疑人只能是其客体而自我救济手段不足。[3] 并且，在实际运行中，侦查权力常常越过仅有的制度约束，而便宜行使。这些问题存在于职务犯罪的技术侦查中，自无例外。从根本上说，这些问题都与无罪推定、程序参与、令状审查等原则的空缺或变异不无关系。

五、本章小结

本章立足系统论原理，力图为职务犯罪技术侦查梳理出体系化的基本原则，并在此基础上，对修订后的刑事诉讼法有关职务犯罪

---

[1]　参见何邦武：《职务犯罪批捕权上提一级改革制度分析》，载《西南政法大学学报》2011 年第 5 期。

[2]　参见孙长永：《侦查程序与人权：比较法的考察》，中国方正出版社 2000 年版，第 14 页。

[3]　参见谢杰等：《职务犯罪决定逮捕权上移的现实应对》，载《法学》2009 年第 7 期。

技术侦查制度中所蕴含的原则及存在的不足，作了整体和系统的梳理。

一方面其理论初衷是，避免仅就某项制度谈论该制度及其基本原则和原理时可能出现的悖谬，因为，根据系统论原理，系统中各要素不是孤立地存在的，每个要素在系统中都处于一定的位置上，起着特定的作用。要素之间相互关联，构成一个不可分割的整体。申言之，各要素之间在结构及功能上存在协同关系，各要素在其生成过程中亦离不开对整个系统乃至其他要素的观照。对职务犯罪技术侦查基本原则探寻的应然之路也应不离其间。

另一方面，对职务犯罪技术侦查基本原则的辨析离不开对基本原则所蕴含的应然政治道德共识的理解和把握，为避免道德相对主义，本章以类型学的研究方法，申述了刑事程序法治这一理想类型所蕴藉的政治道德共识，以及基于该道德共识的技术侦查应然具备的基本原则。以之为参照，本章方始梳理了在我国政法体制下，以刑事治罪模式为统摄准则的职务犯罪技术侦查的基本原则及其存在的不足。但政治道德共识的把握与坚守，以及道德相对主义的克服，离不开对基本的刑事程序法治理念的澄清，而这一澄清过程中，又极易坠入为人诟病的本质主义独断论，为此，必须求助于理性商谈模式，实现一种交往共识。然而，这种由理性主体经由对话协商的民主模式，要求在所有对话的参加者机会平等、言谈自由、没有特权、诚实、免予强制的条件中，通过理想的程序条件和严格的理由论证获得（哈贝马斯），这种理想化色彩过于浓烈的诉求又将使人陷入另一场论争，笔者于本章实无力为之，只能期待于将来的研究。

本章指出现行职务犯罪技术侦查原则的不足，并无意否认该制度的确立所具有的进步意义，而是因为，比较而言，在总结、肯定新修订的刑事诉讼法取得的成效与分析质疑其可能或实际存在的问题之间，后者显得尤为迫切和必要。因为，经由后者，可以为职务犯罪技术侦查基本原则的进一步完善贡献其依存的法理，实现更加良好的制度及社会预期。而且，通过对职务犯罪技术侦查基本原则的法理辨析，可以将其原初意旨置身于刑事程序法治视野下的强制侦查基本法理的场景之中，探寻二者之间存在的差距甚或差异，探究二者弥合的可行性之路，唯此，方能为探求包括职务犯罪技术侦查在内的刑事强制措施的进一步改革，找寻出前行的方向。

第四章 职务犯罪技术侦查中的检察监督

一、引言

必须肯定的是，新修订的刑事诉讼法在侦查部分专门就职务犯罪的"技术侦查"作了规定，以基本法律的形式对此前职务犯罪侦查实践中已经较为普遍施行的技术侦查进行规制，这是我国迈向刑事程序法治的重要一步。然而，不无遗憾的是，本次修订在侦查措施的具体实施上，仍然存在在适用条件、实施程序、权利保护及法律责任等方面规定过于宽泛甚至不明确的缺陷，极易造成技术侦查措施适用中的恣意从而侵害相对人的权利。①

如前所述，职务犯罪技术侦查作为一种主动型侦查措施，常常是在没有明确的犯罪嫌疑之前，即启动的侦查程序。所以，与传统的回应型

---

① 这些不足依次是：（1）所谓"根据侦查犯罪的需要"，启动条件过于宽泛；（2）"经过严格的审批程序"及"采取技术侦查措施，必须严格按照批准的措施种类、适用对象和期限执行。"实际上难以把握，有违程序法定原则；（3）对于违反技术侦查的法律规定，责任不明。如对于技术侦查资料的使用，立法仅规定"应当保密"、"必须及时销毁"、"不得用于其他用途"，没有就违反者的法律责任明确作出规定。

侦查（被动型侦查）相比，技术侦查极易对相对人的权利造成侵害，且在职务犯罪侦查中，不仅涉及公务秘密甚至国家安全，而且相对而言，该侦查方式对相对人权利主要是隐私权的潜在与实质危害尤为严重。因此，对此类侦查行为的监督以防止政府公权力的恣意甚至滥权，就显得更加重要，需要从程序和实体上对其作出系统的规定。

关于监督的实施，成熟的刑事程序法治国家系由独立的第三方即法官以对申请实施技术侦查的令状通过公开审查的方式进行，对符合条件者方可作出批准实施。除了这种事前审查外，鉴于技术侦查存在潜在与实质侵害公民个人权利的危险，还对实施过程进行在场监督。然而目前在我国，受制于我国目前的刑事司法体制，有关强制侦查的司法审查原则尚未采行，职务犯罪的侦查与监督皆隶属检察机关，由检察机关负责对审前阶段侦查行为的法律监督。其法律依据来源于我国宪法规定的检察机关属于国家的法律监督机关，其公正性保证则来源于《宪法》第131条规定的"人民检察院依照法律规定独立行使检察权，不受行政机关、社会团体和个人的干涉"。其法理正当性则是检察机关作为政府公权力机关，负有客观公正的义务。

持平而论，在由公安机关负责侦查的普通刑事案件中，检察机关确曾起到一定的监督作用。但是，在职务犯罪的侦查过程中，实施主体同为检察机关，只是侦查与监督职能为内部不同部门所行使时，这种监督的有效性、公正性及权威性则不能不使人对之产生疑问，本书此前关于检察机关客观公正义务的实践难题已对此作了较为充分的分析。然而，面对我国刑事诉讼制度环境的现实，本章中，笔者拟换一种视角，姑且搁置争议，对此种权力结构及监督方式不存疑问，探讨如何在既有制度条件下，最大限度地发挥检察系统的内部监督作用，既有效地惩治犯罪，又有力地保护人权。

虽然现行刑事诉讼法在检察监督问题上仍然存在不少漏洞，但鉴于法律的稳定性和权威性要求，在新法甫定时再作较大的修改不符合情理，并且从法律经济学的视野来看，这种做法也不经济。为弥合法律规定的不足，可以循沿我国既有的解释体制，由"两高"对此作出司法解释，以满足司法实践的要求。与一般意义上的法官适用法律并在此过程中进行法律解释不同，我国的法律解释既非附属于司法裁判权的一种活动，也非附属于立法权或法律实施权的一种活动。这种解释在法律上被单列为一种通过解释形成具有普遍法律效力的一般解释性规定的权力，而在不同国家机关之间对这种权力的分配，则构成了一种极具中国本土特色的法律解释体制。① 尽管存在许多法理正当性问题和争议，但这种解释体制一直相沿不替，而且，由于宪法及其实际运作机制尚无变化，有理由相信，在将来可预见的实践范畴内，在对刑事诉讼法的解释中，将继续袭用。

有鉴于此，本章在对职务犯罪技术侦查进行"创制性解释"中，将在既有的刑事侦查体制和环境下，以"正当程序"的理念为基点，以最大限度地发挥检察监督的职能，在实现对公权力的有效约束的同时，达到对相对人的基本权利保护为核心，立足于职务犯罪技术侦查的启动、施行及侦查实施后有关问题的处理全过程，探讨如何完善检察监督的制度及相关程序。

近年来，为了克服职务犯罪侦查中，检察机关"自我审批"、"自我侦查"甚至"自我监督"的权力封闭运行的弊端，增强公权力的公信力，检察机关内部进行了一系列改革，强化了职务犯罪侦查监督的制度建设。其中，2009年实行的职务犯罪批捕权上提一级改革十分引人注目。但一个不容忽视的事实是，由于很多对策建

---

① 参见张志铭：《法律解释的操作分析》，中国政法大学出版社1999年版，第220页。该书还具体分析了中国各解释主体的解释形式、基本特点及该解释体制存在的原因。

议的提出者来自检察系统内部，思考问题的立场不无一定的局限性，因而，与改革自身所展现的改革理念一样，这些对策建议很多仍以检察权的便宜行使为依归，注重的是如何查获犯罪的侦查效能，偏离了如何促使公权力行使中"程序正当性"的观察视角，对与此相关的相对人的权利保障及程序参与权等问题关注不足。尽管此项改革本身受制于目前的刑事司法体制，产生的积极影响十分有限，但必须承认，在目前的刑事司法体制下，这应当是一种较为可取且"相对合理"的选择。[①] 受此启发，笔者认为，在有关职务犯罪技术侦查实施的司法解释中，可以吸纳这些既有改革及司法解释的成果，并因应技术侦查手段的特点，以完善职务犯罪技术侦查的检察监督。

二、以司法解释创制技术侦查检察监督的初步构想

(一) 启动申请的审查批准

对技术侦查申请的审查批准，是检察机关行使侦查监督权的第一个环节。根据修订后的《刑事诉讼法》第 148 条第 2 款的规定："人民检察院在立案后，对于重大的贪污、贿赂犯罪案件以及利用职权实施的严重侵犯公民人身权利的重大犯罪案件，根据侦查犯罪的需要，经过严格的批准手续，可以采取技术侦查措施，按照规定交有关机关执行。"本款关于技术侦查的审查批准，只是采用了较为模糊的"根据侦查犯罪的需要"和"经过严格的批准手续"，显然不敷实践的需要。应对此作出补充性解释，以增强其可操作性。根据

[①] 有关职务犯罪批捕权上提一级改革的利弊笔者曾作过较为详尽的分析，并就其改革及完善路径提出了思考。分别参见何邦武、张孔文：《职务犯罪批捕权上提一级改革制度分析》，载《西南政法大学学报》2011 年第 5 期；何邦武、杨勇：《完善职务犯罪批捕权上提一级改革的思考》，载《中国刑事法杂志》2011 年第 7 期。

技术侦查所应遵循的原则的要求①，应当将"根据侦查犯罪的需要"按照比例原则的"最小侵害要求"②解释为侦查某类职务犯罪的最后的、必须的和不得已的手段。换言之，如果采取其他对相对人权利侵害较轻的侦查手段能够实现侦查目的，即不允许使用技术侦查。

关于"经过严格的批准手续"，应着重在申请的方式及申请书的内容上进行解释，以规范申请书的制作，强化申请者的责任。以监听为例，可以借鉴其他法治国家的相关规定，要求申请者在申请书中就其申请所依赖的事实进行全面、完整的陈述，包括监听对象的姓名，特征，已经、正在或即将实施的犯罪情形，以及申请监听的期限。负责审查的检察部门在审查批准时，必须审查判断此种申请是否已具备相当理由，且与正在调查的职务犯罪具有相关性，如不能满足上述条件，即不得批准。

另外，在审批的主体上，可以借鉴职务犯罪批捕权上提一级改革的有关规定，将省级以下（不含省级）技术侦查审查批准的机关上提一级，以增强审查监督的力度和审查批准的公信力。因为技术侦查与逮捕一样，同属于强制侦查措施，而且，技术侦查还是一种主动型侦查措施，侵害的是在现代社会越来越重要的公民隐私和通讯自由，进而关涉整个社会秩序，其危险性丝毫不亚于逮捕对一个公民自由的限制，必须持慎重的使用态度。

（二）技术侦查实施过程中的监督

根据修订后的《刑事诉讼法》第 148、149、150 条的规定，在职务犯罪中实行技术侦查，检察机关应当"按照规定交有关机

① 有关技术侦查原则的详尽论述可参见孙长永：《侦查程序与人权：比较法考察》，中国方正出版社 2000 年版，第 26 页以下；李明：《监听制度研究：在犯罪控制与人权保障之间》，法律出版社 2008 年版，第 146 页以下。

② 即为公共利益采取强制侦查措施时，必须出于不得已，且此种不得已的侵害应当是最温和的手段和最微小的侵害。

关执行"。有关机关在执行时，必须严格按照批准的措施种类、适用对象和期限执行。而且，批准决定自签发之日起 3 个月以内有效。对于不需要继续采取技术侦查措施的，应当及时解除；对于复杂、疑难案件，期限届满仍有必要继续采取技术侦查措施的，经过批准，有效期可以延长，每次不得超过 3 个月。另外，侦查人员对采取技术侦查措施过程中知悉的国家秘密、商业秘密和个人隐私，应当保密。虽然上述条文已就执行的种类、期限、适用对象、期限届满后的延长以及执行中的保密要求等方面作了规定，检察机关的侦查监督部门（同级或上一级）可以据此对有关机关的执行进行监督，且改变了过去因立法的缺位导致检察机关在职务犯罪中使用技术侦查手段时反而要向国家安全机关或公安部门申请的"尴尬局面"，但有关机关的具体执行程序、方式仍有待以司法解释的形式予以明确。这里最突出的问题是，交有关机关执行的规定过于简约，由此存在两个问题：第一，有关机关如何执行？第二，有关机关执行时，检察机关侦查部门要否派员在场？以监听为例，目前，两大法系主要国家除法国在监听的执行上因为监督太少因而受到欧洲人权法院的批评外，其他国家对监听的执行都规定了十分严格的程序。① 例如，意大利法要求窃听由检察官亲自进行，或者指定司法警察官进行，对于窃听的决定、批准、认可或者延期的各项命令，必须在检察官办公室保存的专用登记簿上按照时间顺序进行登记，并注明每次窃听开始和结束的时间。② 参照上述规定，由于我国检察机关在职务犯罪侦查中的特殊角色，可以在司法解释中这样规定，对于国家安全机关、公安机关和海关等部门外的其他部门实

---

① 在法国，侦查机关无权自行适用监听，而是由饱受诟病的预审法官负责执行，经过轰动一时的"乌特罗案"，预审法官制度已经并正在进行一系列改革，因此这一被称为"拿破仑的遗产"的传统制度，不足为训。

② 《意大利刑事诉讼法典》，黄风译，中国政法大学出版社 1994 年版，第 267 条第 4 款至第 5 款。

施的监听，检察机关的侦监部门或侦查部门应派员在场。同时应就具体的执行方式、技术侦查资料的制作等作出规定，以便检察机关的监督有章可循。

此外，根据新修订的刑事诉讼法关于非法证据排除的规定，可以在司法解释中规定：对于违法技术侦查所获得的资料，主要是违反技术侦查的范围、适用条件、适用期限和技术侦查使用设施的程序所获得的资料，检察机关可基于其客观公正义务，视违法程度或主动予以排除，或责令补正资料上的瑕疵。在这些违法技术侦查的审查中，有的可直接适用合法性审查标准，有的需要进行合理性审查，由检察机关的侦查监督部门在违法造成的侵害和相对人的权益之间的权衡中，进行自由裁量。例如，关于何为"瑕疵"，美国U. S. v. Chavez 一案可资借鉴，该案中，实际上由"司法部长"亲自授权的监听，在监听申请书及监听令状中误写为"司法部长助理"，最高法院认为：该身份的误写在法定程序中不具有实质性作用，在对抗无令状监听上，也不具有"核心作用"和"功能性作用"，因此属于瑕疵，而无须排除。[①]

需要说明的是，修订后的《刑事诉讼法》第 54 条只就非法获取的犯罪嫌疑人、被告人供述和证人证言、被害人陈述，以及物证、书证等的排除作了规定，而没有提及电子数据、视听资料及勘验、检查、辨认、侦查实验等笔录这些证据的搜集非法及处理方式，应通过司法解释弥补立法中的这一疏漏。

（三）技术侦查实施后的监督

修订后的《刑事诉讼法》第 150 条已就实施技术侦查获取资料如何使用及保管等作了规定，但侦查人员如何保密、如何及时销毁等规定过于简单、概括，缺乏可操作性。应从本条的文义出发，

---

① U. S. v. Chavez, 416 U. S. 562 (1974).

通过解释予以明确，并据此明晰检察机关的侦查监督部门的监督职责。

一是实施技术侦查后资料的保密。由于职务犯罪技术侦查资料不仅涉及相对人隐私，甚至可能涉及国家公务秘密，因此，对侦查后的资料保密管理的监督十分重要。例如，在具体的监督方式上，意大利法即明确规定了由法官在窃听笔录和录音的储存期限届满后，调取、整理资料并封存。《日本监听法》也规定，监听后的记录媒体加封后，应当连同记载法定事项的关于监听情况的书面报告不迟延地提交经签发监听令状的法官所属法院的法官。[①] 结合我国修订后的刑事诉讼法规定的由检察机关审查批准职务犯罪技术侦查的现状，可通过解释规定由检察机关侦查监督部门负责调取、整理并封存侦查资料于其指定保管的地方。具体执行部门可由上提一级审批的侦查监督部门，也可交由同级检察机关的侦查监督部门。

二是技术侦查资料使用后的处理。借鉴域外主要法治国家的做法，侦查监督部门应严格监督技术侦查资料的使用，侦查部门如果需要使用，必须向侦查监督部门提出申请。对于原始技术侦查资料，除法律明文规定的情形外，不得听取、阅览或复制。对保管到期的资料[②]，应在侦查监督部门的许可和监督下，于侦查部门和相对人在场时，予以销毁，并将销毁的情况记入笔录。对与案件事实无关的资料，即修订后《刑事诉讼法》第 150 条第 2 款规定的"对采取技术侦查措施获取的与案件无关的材料，必须及时销毁"。

---

① 参见孙长永：《侦查程序与人权：比较法考察》，中国方正出版社 2000 年版，第 150、158 页。

② 各国在监听资料的保管上，都规定一定的保存期限，如美国法律规定监听资料应保存 10 年，日本法律规定 5 年。我国修订后的刑事诉讼法没有规定保存的期限，应当通过司法解释予以明确，具体期限有学者认为以 5 年为宜，笔者认为较为妥当。参见李明：《监听制度研究：在犯罪控制与人权保障之间》，法律出版社 2008 年版，第 308 页。

侦查监督部门应当在确认后，在当事人在场的情况下予以销毁并将销毁情况记入笔录。

此外，从维护公权力和公民个人权利平衡的需要出发，侦查监督部门还必须督促检察机关的侦查部门在一定的时限内①将技术侦查的有关情况通知相对人。侦查部门应在接到通知后将通知执行情况告知侦查监督部门。为了确认技术侦查资料的正确性或有其他正当理由时，经保管原始资料的侦查监督部门许可，可听取、阅览或复制记录中与本人有关的部分。通知相对人的这种适度公开与侦查人员在侦查过程中的保密原则并不存在矛盾，后者的目的在于保证侦查的顺利进行，并尽可能防止可能给相对人造成名誉损害。

三、几种特殊形式的技术侦查的检察监督

与其他法律制度一样，职务犯罪的技术侦查中，也必然出现"理有穷而情无限"的实践难题，有鉴于此，本章拟对新修订的刑事诉讼法没有明确规定的紧急情况下的技术侦查、附带型技术侦查和同意型技术侦查中的检察监督问题作一探究。

（一）紧急型技术侦查的监督

新修订的刑事诉讼法没有就紧急情况下职务犯罪的技术侦查作出规定，这将给职务犯罪侦查实践中遇有紧急情况必须进行技术侦查带来如何进行的难题。事实上，修订后的《刑事诉讼法》第136条第2款关于搜索的规定中，已有关于紧急搜索的规定，根据该款："在执行逮捕、拘留的时候，遇有紧急情况，不另用搜查证也可以进行搜查。"从法理分析来看，对同为强制侦查措施的技术侦查在紧急情况下实施技术侦查，应该符合修订后的刑事诉讼法的立

---

① 《日本监听法》对此时限规定为30日，但如有碍侦查时，可以确定为60日内。这一时限可以作为参照。

法目的①，可以通过司法解释对其作出规范。

关于紧急情况下的技术侦查，以监听为例，《美国监听法》规定，除经法官事先批准的监听外，以司法部部长、代部长、副部长或州成文法规定的州或地方政治实体的首席检察官特别指定的任何侦查官员在合理地认定符合以下两个条件时，可以不经法官批准而监听有线的、口头的或电子的通讯：其一，存在下列紧急情形之一的：（1）有导致任何人死亡或严重身体伤害的迫在眉睫的危险的；（2）有威胁国家安全利益的密谋活动的；（3）有组织犯罪的密谋活动，并且经适当努力获得法官授权之前必须对有线的、口头的或电子的通讯进行监听的。其二，有多种理由认为根据本法规定将会获得授权监听的令状的。但是，无证监听时，必须在监听开始后的48小时之内向法官提交认可申请。如果没有获得法官认可后签发的令状，监听活动应当在获得准备窃取的通讯时或者在申请被驳回时（以先成就的一个为准）立即停止。如果申请被驳回或者在其他没有获得令状的情况下停止了监听，任何被窃取的通讯内容都应当被视为违反本法规定而获得的②。

意大利法律则规定，在紧急情况下，当确有理由可能因延误而严重影响侦查工作时，检察官可以附理由的命令决定进行窃听，但必须在24小时之内尽快通知预审法官；预审法官在检察官决定后的48小时内决定是否认可，未在此期限内认可的，不得继续进行窃听，已经窃听的材料不得使用。预审法官批准、认可或者检察官决定进行窃听的前提条件有两个：一是存在重大犯罪嫌疑，即有重要理由相信某人实施了法定范围内的严重犯罪；二是窃听对于侦查确有必要，即没有其他方法可收集到证据的。检察官在决定窃听的

---

①　在美国，类似我国技术侦查的监听本身被视为强制搜查的一种，因此，其紧急情况下的监听即无须为其正当性论证。

②　《美国法典》第3编第2518条第7款。

命令中必须规定窃听的方式和可以持续的时间，时间不得超过 15 日，但只要进行窃听的前提条件仍然存在，法官可以附理由的命令批准延长窃听期限，每次延长的时间不得超过 15 日①。综合两国紧急情况下的监听，其适用条件一是严重犯罪，二是实施后的令状补办程序。在适用条件和程序上都十分严格，受到严格的司法审查和监督。

借鉴上述国家立法，我国职务犯罪紧急情况下的技术侦查，也应当规定严格的限制性适用条款，以利于对该侦查行为的监督，可规定：有理由相信公职人员即将实施或正在实施危及个人生命或国家安全、重大公共利益的行为，且如果不立即着手技术侦查将无法通过其他方法收集到证据时，应允许检察机关侦查部门负责人命令实施技术侦查。同时，考虑到审查监督部门同为检察系统，应在 24 小时内提请侦查监督部门批准。如果没有得到批准，应立即停止实施技术侦查，其之前所获得的资料应在侦查监督部门人员的监督下立即销毁。

（二）附带型技术侦查的监督

附带型技术侦查是指在执行合法的技术侦查过程中偶然获得的超出侦查许可范围的其他犯罪事实或犯罪嫌疑人涉嫌其他犯罪的资料，附带型技术侦查在实践中表现形式多种多样②。如何在职务犯罪技术侦查中监督此类侦查行为？笔者认为，也应通过解释予以明晰。根据《美国法典》第 2517 条的规定，侦查官员依据监听法规定取得授权后进行监听的过程中，如果监听到与授权或认可监听的令状中所特定的犯罪以外的犯罪有关的通讯，该通讯的内容及其派

---

① 《意大利刑事诉讼法》第 267 条第 1 款至第 3 款。
② 李明：《监听制度研究：在犯罪控制与人权保障之间》，法律出版社 2008 年版，第 207 页以下。

生证据也可依监听法的规定为正确履行侦查官员的官方职责而向其他侦查官员透露，或者由实施监听的侦查官员使用；其他任何人经依法授权获悉了该通讯的内容或其派生证据时，如果需要使用，必须尽快向有管辖权的法官提出申请，经法官裁定该通讯内容确属依据监听法的规定合法地窃取时，申请人可以在联邦或州的机构或地方政治实体前经宣誓后作证时，透露这些通讯的内容及其派生证据。但是，凡是受法律上的特权保护的通讯，不论是合法取得的，还是非法取得的，仍然受到特权保护。[①]联邦最高法院则在 1971 年 Coolidge v. Unite States 以及 1982 年 Texas v. Brown 案中将上述规定概括为"一目了然原则（open view）"。大部分法院在裁定排除此类侦查资料时，又确立了 3 个例外：一是类似犯罪的例外；二是不可分的例外；三是默许授权原则的例外。上述法律规定和相关判例为此类侦查行为提供了审查的标准。日本《监听法》第 14 条明确规定了偶然监听的合法性，但轻罪除外。而其他国家如意大利、法国以及加拿大等国有关监听法律都没有对偶然监听作直接规定，而是交由法官自由裁量。[②]

比较而言，美国的偶然监听立法及判例较为可取且具有可操作性，可以作为借鉴，对我国职务犯罪技术侦查中的附带侦查设立一定的审查标准，为侦查监督部门在审查时适用，即一是重罪原则，该标准同于启动职务犯罪技术侦查；二是该被侦查的行为与已经获准采取侦查的行为具有不可分性；三是假如单独就附带侦查的犯罪申请技术侦查时，可以获得批准。

---

① 《美国法典》第 2517 条。

② 有关各国偶然监听的详尽分析可参见李明：《监听制度研究：在犯罪控制与人权保障之间》，法律出版社 2008 年版，第 215 页以下。

（三）同意型技术侦查的监督

同意型的监听，作为技术侦查的一种，也应对之作出规范。所谓同意监听，是指交谈一方当事人自愿放弃会话秘密或隐私权，同意第三者进行监听或者执法人员自己作为一方当事人所进行的录音行为。包括一方当事人同意的监听，即经一方当事人同意而由第三者进行的监听和当事人自行录音，主要是指执法人员自身或其委托人（如线人）作为一方当事人而进行的录音。侦查监督部门在侦查前或侦查后审查此类监听时，可依其行为的合法性与否作出裁定。[1]

四、本章小结

总体而言，对职务犯罪技术侦查进行监督，包括侦查启动前、侦查实施过程以及侦查实施完成后，对相关事项的监督。因此，从应然法理来看，作为一种系统的监督措施，应通过立法对运用该侦查的每一种措施在进行侦查的范围、要件、权限、期限、许可的请求和批准、实施、记录及其证据属性和救济程序等予以明确规定。就此而言，通过进一步的修订立法或者对既定立法的创造性解释，仍然是将来努力的方向。

笔者认为，在现行宪法框架下，设置由法院实行的司法审查应与检察机关的监督地位并无龃龉之处。因此，作为一种渐进的改良之路，笔者主张，这种目前由检察机关自己实施的技术侦查审批和监督权，应在条件成熟后，将其完全划归法院行使，实现对人权保障的真正回归，使技术侦查真正立足于司法控制和保证诉讼的顺利进行等价值原点。不过，在具体的制度设置中，宜做到坚持原则与

---

[1] 参见李明：《监听制度研究：在犯罪控制与人权保障之间》，法律出版社 2008年版，第 243 页以下。

把握例外的统一，即一般情形下，侦查机关对于技术侦查的实施，应先取得法院的同意，紧急情况下，侦查机关可先行采取必要措施，但事后应取得法院的确认。值得注意的是，在对职务犯罪批准逮捕权进行改革时，中央政法委曾设想实行独立的治安法官审查逮捕制度，只是因为还存在一些大的制度难题，且现实中还存在诸多困难，才最终放弃了这一设想。这说明改革的决策者们对于司法审查制度的设立已有充分的认识，或者说，由法院实行司法审查制度是现实和可行的。这是笔者关于未来我国技术侦查审批和监督制度改革的一点思考，当然其可行性尚需进一步论证。

赫尔曼教授在论及德国刑事诉讼中的强制措施时指出："德国的法学思想一直认为，允许以强制性（措施）侵犯公民的权利时，关键的是一方面必须对国家权力的强制权明确地予以划分与限制，另一方面必须由法院对强制性措施进行审查，使公民由此享受到有效的法律保障。"[①]现代刑事诉讼制度设立的基本功能，就是通过程序控制国家刑罚权，其目的是约束国家追诉的权力，防止其被滥用，而保障公民的权利，以保证追惩过程的程序正当，实现刑事程序法治。包括技术侦查在内的强制侦查措施，应该是刑事诉讼中国家权力行使和公民权利保障最易发生冲突的领域，明确地界定其权力行使的疆界、程序并引入审查监督程序，是实现强制侦查措施法治化的必由之路。总之，在目前的刑事司法体制下，只有充分发挥"技术理性"，为技术侦查的各个环节和各种形式的侦查行为设定严格审查批准的标准，方可完善职务犯罪侦查中的检察监督，实现新修订的刑事诉讼法在刑事司法实践中的良好预期。

---

① ［德］约阿希姆·赫尔曼：《〈德国刑事诉讼法典〉中译本引言》，《德国刑事诉讼法典》，李昌珂译，中国政法大学出版社1995年版。

第五章　职务犯罪技术侦查中相对人的权利保障

一、引言

修订后的刑事诉讼法明确将作为特殊侦查手段的"技术侦查"写入立法，严格界定和规制了技术侦查措施实施的主体、适用案件的类型、程序与期限等内容。其后，相关部门根据该法的规定制定并颁布了一系列司法解释及部门规定，对实施"技术侦查"作了更加详细的规定。这些法律制度的颁行，以给公权力施以种种约束和限制的形式，使技术侦查的实施走向法制化、规范化，成为我国迈向刑事程序法治的重要标志之一。

事实上，远在此次刑事诉讼法修订以前，一些技术侦查手段即已被检察机关在侦办职务犯罪类型的案件中实际使用，只是这种做法仅仅依照相关刑事政策而采行，并无刑事诉讼基本法的正式授权。基于权力行使中应当遵循的"法无授权即禁止"的基本法理，在没有基本法律授权的情形下，侦查部门采取的这种对相对人权利极具侵害性的技术侦查手段，因其潜在的社会危害性常常招致学术界的质疑乃至批评。就此而言，本次关于技术侦查的修订立法既可视为公权力部门自身对享有的权力的主动限缩，也是一种与学术界的良性互动并对这些质疑与批评的正面回应，值得肯定。

在充分评价立法的进步意义的同时，必须清醒地意识到，作为一种以秘密性为根本特征的主动型侦查方式，技术侦查一方面固然为公权力机关提供了惩治犯罪的便捷，符合社会民众对严重犯罪应加大惩治力度的预期。然而，另一方面，即使既有法律制度为该权力的适用从适用主体、适用范围、时限等方面划定了边界，但仍不足以有效防范公权力对公民个人权利的侵越甚至滥用。这不仅有技术侦查作为新型侦查手段所固有的比传统"回应型"侦查方式更容易侵害相对人的基本权利的先在因素，也有法律自身存在模糊和缺漏的根源，更有如前文所述的我国现行刑事侦查体制缺乏独立和公正的第三方的审查监督、相对人的有效参与等方面的原因。所有这些因素在当下弥散于刑事侦查理论中的有罪推定和刑事治罪理念的影响下，又将使公权力机关对模糊和有缺陷的法律制度的越权实施产生叠加效应。① 综合以观，单纯的权力限定尚不足以推进我国技术侦查"惩治犯罪，保障人权"的程序法治目标的实现。

显然，在权力之外，根据以权利制衡权力的原理，通过赋予相对人相应的刑事诉讼权利，以相对人诉诸权利保障与救济的方式，无疑将可为其权利保障目标的实现提供新的路径。而且，对于相对人一方来说，必须明确的是，"为权利而斗争是一种权利人对自己的义务"。"世界上一切法权是经由斗争而获得的，每一项既存的

---

① 对包括技术侦查在内的现行强制侦查措施的目标定位，来自检察部门的结论即是"我国刑事诉讼法对强制性侦查措施的启动考虑的主要是有利于打击犯罪的功利目的"。作此断言的前提应与笔者对我国刑事诉讼制度环境的判断一致。参见天津市河北区人民检察院课题组：《对搜查、扣押、冻结等强制性侦查措施检察监督有关问题研究》，载《法学杂志》2011 年第 2 期。

法律规则，必定只是从对抗它的人手中夺取的。"①

有鉴于此，本章将在论证相对人权利保障与救济基本法理的基础上，系统检视有关职务犯罪技术侦查制度设置中，相对人权利制度的相关规定及其存在的不足，并就如何进一步完善相对人权利保障与救济制度，提出初步的设想。

二、赋予相对人权利保障的基本法理

有关刑事诉讼法律地位的评价，基本的共识是，刑事诉讼法是法律体系里仅次于宪法的基本法，素有"人权法"之称，因此也被称为"小宪法"。循照此中逻辑，刑事程序法治视野中的刑事诉讼法，也理当以程序公正为核心，规范和制约政府公权力，尊重和保障人权，以此成就其为一部人权保障的基本法。当然，这里的首要前提必须是，这里所说的宪法是实质意义上的"立宪主义宪法"，亦即一种通过限制专断性权力以广泛保障人权的国家基本法，其价值目标是维护人的尊严，并因而保障个体的基本权利。因此，这种宪法又被称为人民"自由的圣经"。② 立宪主义意义上的宪法，是人类社会自传统向现代转型后，迈向（法治）文明的应然选择。而现代社会与传统社会本质差别在于：组成现代社会的最基本单元是个人，组织机制是契约；而传统社会是有机体，是认同某种共同价值的社群，文化和血缘等天然有机联系比契约在社群结合上起着更大的作用。③ 现代社会契约化后，除了使个人权利"凸

① ［德］鲁道夫·冯·耶林：《为权利而斗争》，郑永流译，法律出版社 2007 年版，第 2、12 页。
② 参见林来梵：《宪法学讲义》，法律出版社 2011 年版，第 33 页以下。
③ 参见金观涛：《探索现代社会的起源》，社会科学文献出版社 2010 年版，第 13 页。这里社会的概念取其广义，狭义上的社会（society），是个人为了达到自己的目的而自愿形成的组织，与由等级、共同的文化以及血缘组成的共同体或有机体不同，如此，社会并无传统与现代之说。

显出来成为主要公共价值外，更重要的是它成为论证社会制度正当性的最终依据。"而且，"一旦把个人权利作为正当性最终根据，正当的社会组织再也不是高于个人的有机体，而是为个人服务的大机器，甚至家庭和国家亦变成了一个契约共同体"。① 需要强调的是，基本权利具有为人本身所固有的、不可侵犯的普遍性特征，即基本权利的享有，不受民族、种族、性别、职业、家庭出身、宗教信仰、教育程度、财产状况等的限制，亦即，任何国家的人，只要是人，就享有基本权利。这种普遍性和固有性在现代社会是普适性的。因此，断定一定社会由传统向现代演进的核心，是个人主体地位或曰独立人格的有无。

　　由于立宪主义的价值目标，即在维护人的最起码的尊严，保障人的基本权利，所以，现代宪政国家都倾向于将公民基本权利规定在宪法当中。即以宪法的形式将公民自由和权利中最重要的、最基本的部分确立下来。目前，基本权利已发展成包括人格权、平等权、人身自由权、精神自由权、经济自由权、参政权、社会权和权利救济权8个方面。关于人身自由权，一般认为包括两个方面：一是人身本身不受肆意侵犯的自由，即使依照法律受到限制，也应受到合法程序保障；二是人身自由包括住宅不受侵犯的自由、通信自由和通信秘密不受侵犯的自由。② 宪法上的人格权，即基于人的尊严、为人格的独立、自由和发展所不可缺少的权利。这种个人针对国家的人格权，其狭义概念是那些与个人的人格价值具有基本关联性的不可侵犯的权利，主要包括名誉权、荣誉权、姓名权、肖像权、隐私权、自我决定权等。其广义概念则还包括生命、身体、精

---

　　① 对现代性的界说向来莫衷一是，限于本文"器物"倾向的分析视域，笔者采纳了金观涛先生的研究框架，即关于现代性的源起，离不开工具理性、个人权利及立足于个人的民族认同三个重要因素。参见金观涛：《探索现代社会的起源》，社会科学文献出版社2010年版，第12页以下。

　　② 参见林来梵：《宪法学讲义》，法律出版社2011年版，第227、300页。

神以及与个人的生活相关联的权利或利益。① 本书讨论的职务犯罪技术侦查中的相对人基本权利，主要为人身自由权和人格权中的通信自由和秘密权以及隐私权。

在宪法中明确规定基本权利，并不意味着基本权利完全依赖于宪法，如果宪法不加规定就不存在。由于人的认知能力的有限性、成文宪法本身的局限性和基本权利内容的扩张性，任何国家都不可能在宪法文本中将应当受到保障的基本权利尽数列举，由此必然产生宪法未列举权利的问题。② 由于"宪法中列举的某些权利，不得被解释为否认或轻视人民所拥有的其他权利（《美国宪法修正案》第9条）"，所以，必须通过某种途径解决新产生的权利如何证成的问题。对此，在美国1965年的格瑞斯沃尔德诉康涅狄格州案（Griswold v. Connecticut）中，主笔撰写法庭意见的联邦最高法院大法官道格拉斯提出的"权利伴影理论"，实为一种较为妥行的方法，也给权利在新的社会情势下的发展打开了通道。③

可以看出，随着经济社会的发展，基本权利一直呈扩张之势。而其范围之所以不断扩展的原因，乃在于，伴随着经济社会的发展，新的利益阶层不断涌现，不仅有关权利的观念逐渐发生变化，

---

① 李昱霖：《人格权的发展轨迹研究》，载 http：//www. chinacourt. org/article/de-tail/2008/12/id/334465. shtml，访问时间：2013 年 4 月 20 日。

② 王广辉：《论宪法未列举权利》，载《法商研究》2007 年第 5 期。

③ 道氏在该判决中写道：权利法案中的明示权利具有伴影。伴影是因明示权利的"扩散"（emanations）而形成，并赋予它们以生命和内容。多种明示权利创造了"隐私区域"（zones of privacy）。正如我们所见的，包含在第 1 条修正案的伴影之中的结社自由就是这样一个区域。第 3 条修正案禁止士兵在和平时期未经主人同意驻扎在任何住宅，这又是这种隐私的另一方面。第 4 条修正案明确肯定了"人民的人身、住宅、文件和财产享有安全而不受物理搜查和扣押的权利"。第 5 条修正案禁止"自证其罪"的条款给人民创造了一个隐私区域，在该区域中政府不得强迫他自证其罪。第 9 条修正案规定："本宪法对某些权利的列举，不得被解释为否认或轻视由人民保留的其他权利。"See Glenn H. Reynolds ，Penumbral Reasoning on the Rights ，140 U. Pa. L. Rev. 1333（1992）.

而且，为满足这些新的社会群体与阶层的利益与权利诉求，新的权利类型也层出不穷。据美国法律史学家施瓦茨的观察，在美国，自20世纪下半叶，在公民权利领域存在一种在法律史上绝无仅有的自发衍生现象，由此带来了一个史无前例的权利膨胀时代，法律保护的重点逐渐从财产权领域移转到人身权领域。[①]

在基本权利的外延不断扩展的同时，有关基本权的法律属性也经历了一次蜕变，具有了主观权利与客观价值决定的双重属性，并由此为基本权的保障和救济提供了新的法理依据。[②] 在这方面，《德意志联邦共和国基本法》（以下简称《基本法》）及德国学者据此演绎的权利属性理论堪称经典。在德国法中，基本权首先是公民的主观权利，是公民权利序列中最基本、最重要的权利。作为主观权利的基本权赋予了每个公民在面对国家公权力侵犯时，要求其停止侵害、排除妨害、保持克制的公法请求权，是"个人可向国家主张"的主观面向。这种主观性权利"改变了威权国家时代公民仅是宪法规范或是国家作用客体（objekt）的格局，使公民一跃成为独立于国家的宪法规范主体；公民因此获得了在国家不履行义务时，主动向国家权力挑战的权能"。[③] 现行《基本法》第19条第4款规定，"任何人之权利受官署侵害时，得提起诉讼"。第二次世界大战以后，《基本法》在第1条第3款中宣称，"所有基本权都应作为直接有效的法，而约束所有的国家权力"。这一规定使基本

---

① ［美］伯纳德·施瓦茨：《美国法律史》，王军等译，法律出版社2007年版，第182页。这里需要说明的是，权利在两大法系衍生方式各不相同，可将其分别概括为经验论的权利理论实践模式（英美法系）和先验论的权利理论实践模式（大陆法系），详细论述可参见陈林林：《从自然法到自然权利：历史视野中的西方人权》，载《浙江大学学报（人文社会科学版）》第33卷第2期（2003年3月）。

② 笔者此处使用了基本权与基本权利两个不同的概念，在含义上，前者表示的是一种"法权"，同时具有主观性的权利和客观性的价值两种内涵。后者则指形下意义的各种权利。由于此处涉及客观性的价值秩序的内涵，故本书常常混用。

③ 赵宏：《作为客观价值的基本权利及其问题》，载《政法论坛》2011年第2期。

权具备了客观法的拘束效果和特征，而国家权力作为整体亦被普遍科予了尊重与保护基本权的积极义务。德国学者 Guenter Duerig 由此出发，从基本权作为客观秩序规则中，发展出基本权作为客观价值决定的学说。此后，这一观点得到德国联邦宪法法院的肯定，并最终落实于著名的吕特案判决中。该判决宣称，"毫无疑问，基本权利首要在于确保个人的自由领域免受公权力的侵害；基本权利是公民针对国家的防御权……但基本权不仅包含个人针对国家的主观防御权，它作为宪法性的基本决定，对所有的法律领域都应发生效力，并应成为立法、行政与司法的指向和推动力"。[①]

确认了基本权作为客观价值的法律属性，意味着基本权的内涵不再仅是排除国家干预，而且意味着基本权在主观防御权外，还具有了作为覆盖整体法秩序的价值决定的客观面向，即对整体国家权力的拘束作用。这种客观的价值秩序，根据吕特案中的论证，意指"《基本法》并非'价值中立'的秩序，而是旨在通过强化基本权的作用效果，完成一种客观价值秩序的建构，这种价值系统，就是将个人人格的自由开展及其尊严作为社会共同体的核心，并使其如同宪法的其他基本决定一样，适用于所有法律领域"。[②] 由此，基本权利不再只是一种个体权利，而成为一种"价值体系"或者"价值标准"，其效果辐射至所有的法律领域，成为立法、行政与

---

① Bverf GE 39，1，41. 该案发生于 1950 年，时任汉堡市新闻协会主席的吕特发现第二次世界大战期间曾为纳粹拍摄过多部影片的导演维特·哈兰亦出现在德国电影周的导演名单中。吕特遂要求电影出租商和电影院不要按照原计划播放这部电影，并号召人们抵制这部电影。针对吕特对公众的建议，哈兰影片的发行商和影片的出租商向汉堡地方法院申请禁令，要求对吕特的抵制进行制止。汉堡地方法院认为，吕特的行为违反《民法典》第 826 条 "不得以违反善良风俗的方法故意损害他人"，遂通过禁令加以禁止。吕特之后将汉堡地方法院诉至德国联邦宪法法院，认为其侵犯了他根据《基本法》第 5 条第 1 款所拥有的 "言论自由"。联邦宪法法院最后支持了吕特的诉讼请求，并判决撤销了汉堡地方法院的禁令。

② Bverf GE7，198，205.

司法都必须遵循的准绳，以及国家权力和整体社会所共同追求的目标。这种整体客观价值秩序意味着，作为个体的公民个人在共同体中拥有不可侵犯的绝对价值，他只是他自己的目的，而不能成为达成任何其他目的的手段，国家是为个人而存在，而绝不是个人为了国家而存在。[①] 在基本权利的双重属性视野下，尤其是基本权利的客观价值秩序属性理论，将成为国家整体制度得以形成和存续的价值基础，不仅有助于构建一个体系严密、含义多维的基本权保障整体，而且，唯有凭依此种理论，一个真正以人为导向（Menscheno-rientierung）的宪政国家才会被型塑出来，国家才会真正是为个人而存在，而并非个人为国家而存在。尤其是，基本权在客观面向上的价值决定、制度保障、组织与程序保障，以及国家保护义务等功能，都对主观权利起到了重要的补充、强化作用。[②]

回到本章讨论的主题，基本权利范围的扩展及权利属性的演变，尤应在作为"动态宪法"的刑事诉讼法律中得到体现。"刑事程序的历史，清楚地反映出国家观念从封建国家经过专制国家，直到宪政国家的发展转变。"[③] 亦即，立足立宪主义的刑事程序法治视野，刑事诉讼制度不仅要赋予个人主观性基本权利，使每个公民在面对国家公权力侵犯时，有以司法救济的方式要求其停止侵害、排除妨害、保持克制的公法请求权，落实公民在面对公权力侵害时公法上的防御权，在国家侵犯其私人领域时予以抵御。更应使整个刑事诉讼制度真正建构在体现对个人权利尊重和保护的客观价值秩序之上，并以此作为刑事诉讼法理当蕴含的程序正义的根本，构建

---

① Zippelius/Wuertenberger, Deutsches Staatsrecht, 31. Auflage, Verlag C. H. Beck, 2005, S. 201.

② 参见赵宏：《作为客观价值的基本权利及其问题》，载《政法论坛》2011 年第 2 期。

③ 参见 [德] 拉德布鲁赫：《法学导论》，米健译，法律出版社 2012 年版，第 141 页。

一个公民权利的整体性保障系统。

在我国，建设社会主义法治国家已成为宪法目标和社会共识。2004 年的宪法修正案更是将"人权"理念引入立法，明确规定"国家尊重和保障人权"，作为第 33 条第 3 款。作为对宪法人权保障条款的积极回应，2012 年修正的刑事诉讼法也正式将"尊重和保障人权"吸收进立法中，这被视作对宪法"尊重和保障人权"精神的体现和忠实贯彻。所有这一切都已清楚地表明了我国刑事程序法治建设中，以人权保障为旨归的建设目标。而有关宪法与刑事诉讼法在人权保障上的公理性准则，以及基本权利的双重属性理论，也理应成为我国刑事诉讼制度设立的标尺。

强调基本权利的保障功能，在以秘密性和主动型侦查为特征的职务犯罪技术侦查中尤为重要。因为，技术侦查措施的启动，使现代科技的侦查手段极有可能将公民在日常生活中不想为外人所知的秘密"堂而皇之"地挖掘出来甚至被无限扩大，更易侵犯在现代社会日益得到珍视的隐私权及通讯自由等公民人身自由和人格尊严的基本权利。如果任由此种情况的存在和发生，必将导致不可预测、不可操控的风险"肆虐"，它将远远超出了普通公民的承受能力，会给人们的生活状态和精神价值带来严重的冲击与压力，危殆整个社会秩序，"其危险性丝毫不亚于逮捕对一个公民自由的限制"①。1990 年 4 月 24 日，欧洲人权法院在"哈维格与克拉斯林诉法国"一案的判决中指责法国对于《欧洲人权公约》第 8 条规定的"每个人都有与家庭生活、住宅和通讯受到尊重的权利"保障不力，特别是对电话窃听方面的规则不全面（如对于审判结束后窃听的录音带如何处理等问题就完全缺乏规定），监督太少，法国

---

① 何邦武、张磊：《论职务犯罪技术侦查中的检察监督》，载《法学杂志》2012 年第 12 期。

理论界也积极呼吁将电话窃听立法化①。面对国际和国内的压力，法国终于在 1991 年 7 月 10 日通过专门的法律（并入《刑事诉讼法》第 100 条至第 100 条之 6），就电话窃听的一般条件、权限和基本程序作出了明确规定。

　　综合以观，技术侦查对公民权利的侵害，可以归纳为以下 4 个方面：一是技术侦查对公民言论自由的威胁。言论自由是"宪法所赋予的以口头形式表达意见和事实，不受政府检查和限制的自由"②，其基本精神是保证人们能自由表达自己的意志，因为"自由传达思想和意见是人类最宝贵的权利之一"③。但是，技术侦查手段将对言论自由造成极大的威胁。尽管技侦手段本身并不直接剥夺公民的言论自由权，但是可以使得相对人的言论面临着随时随地被监听的危险（比如"监听措施"），而这有时比法律上对权利的明确剥夺更加让人恐惧，因为公民根本不会意识到自己何时被监听、因何事被监听，对公权力的恐慌与畏惧之情将弥漫于社会每个角落，其结果只能是带来社会的普遍的恐惧。二是技术侦查对公民通讯自由权利的威胁。秘密通讯自由是指公民享有不为第三人所知的可以利用各种通讯方式与他人相互交流的权利，其传递信息的内容不会被审阅、监听、录音或截留。该项权利被视作是民主政治的"生命线"，为一切自由的基础，因为只有保证公民表现自由的权利得到充分尊重，人们表达自己意志的渠道才能畅通，从而增进人们的相互交流，推进社会的进步。职务犯罪下的技术侦查手段之一便是强制截留通讯，使得相对人的通讯内容在一定程度上被公开化，其实质是对公民通讯自由的直接侵犯，损害了公民对自己通

　　①　Criminal Procedure Systems in the European Community, Chapter 4 – France（by Prof. Jean Pradel）, Christine Van den Wyngaert ed. , Buterworths, 1993, p. 124.

　　②　Black's Law Dictionary, West Publishing Co. , 1979, p. 828.

　　③　徐显明：《人权研究》（第 1 卷），山东人民出版社 2011 年版，第 412 页。

讯自由的期待。三是对公民隐私权的威胁。隐私权的核心是公民对个人的事务享有自治和自决的权利，它包含个人生活安宁权、个人生活情报保密权等。对隐私权的尊重和保护，是人类文明进步的表现，也是公民个人的尊严、情感得到国家和法律的尊重和保障的具体体现。美国大法官道格拉斯曾经对技侦手段做过精辟论述："安装一个精密的可选择接收的窃听装置或者电子窃听器当然不是在特定的时间和地点四处搜查并收集物品，但即使在有限的时间里窃听也是对隐私的最大侵犯。"① 在职务犯罪案件的侦办过程中，技术侦查手段运用的失控将对相对人的隐私权造成极其严重的伤害。四是技术侦查威胁着公民的住宅不受侵犯权。住宅是公民个人的庇护所和最后尊严的维护地，应保持其神圣不可侵犯，即使强大的国家权力也应在个人住宅前止步。技术侦查手段对公民住宅不受侵犯权侵害的表现形式并不像传统侵害方式那样直接和明显。通过技术侦查手段"侵入"公民住宅，公民可能丝毫未防范或者可以说根本无从防起。这将导致公民失去最基本的空间安全感，失去对个人"最后庇护所"的信赖，扰乱公民正常的生活秩序。

因此，对于技术侦查手段的适用必须持十分谨慎的态度，在从内部严格设定其适用对象、范围、期限等权力界限的同时，更应考虑根据技术侦查所应遵循的原则，赋予相对人的程序参与权、知情权等诉讼权利，以及相应的请求国家予以保护和救济的权力，以此对抗公权力，并从外部对公权力产生约束。唯有如此，才能使社会消除恐惧和不安全感，公民才能切实感受到法治力量和自身的安全保障。

---

① ［美］阿丽塔·L.艾伦、理查德·C.托克音顿：《美国隐私法：学说、判例与立法》，冯建妹等译，中国民主法制出版社2004年版，第57页。

三、现行技术侦查制度中权利保障的不足

在我国，基本权利在保障公民自由、防御国家侵犯、确定国家与人民间关系方面的属性与功能，虽然已经成为普遍共识，但由于公民在宪法中的主体地位并没有被特别强调，基本权的防御功能与司法救济亦未建立结构性连接，导致基本权在主观权利面向上的功能发挥仍旧受到很大限制。而基本权作为客观价值的属性在我国的基本权理论中更鲜有涉及，基本权对于宪政秩序和国家整体法秩序的塑造与决定作用也很少得到观察与重视。[①] 易言之，基本权的理念和价值观并未能作为基本价值原则反映在自宪法至一般基本法律所构成的法律秩序中。在现行的职务犯罪技术侦查制度设计中，相对人可能受到侵害的隐私权和通信自由及秘密权的保障与救济制度即存在上述问题，以致这些权利或处于真空阶段，或处于休眠状态。

由于技术侦查所关涉的隐私权和通信自由权等人身自由和人格保障权属于宪法保障的公民基本权利，因而，在论及其于刑事诉讼制度中的保障情况之前，还须首先厘清其于宪法中的设置情形，以及相应的宪法性保障措施的有无。根据《中华人民共和国宪法》第39条规定："中华人民共和国公民的住宅不受侵犯。禁止非法搜查或者非法侵入公民的住宅。"以及第37条规定："中华人民共和国公民的人身自由不受侵犯。任何公民，非经人民检察院批准或者决定或者人民法院决定，并由公安机关执行，不受逮捕。禁止非法拘禁和以其他方法非法剥夺或者限制公民的人身自由，禁止非法搜查公民的身体。"虽然这些基本权利被明确列为由宪法保障的基本权利，但由于我国宪法没有实效性的违宪审查制度，所以，该权

---

① 参见赵宏：《作为客观价值的基本权利及其问题》，载《政法论坛》2011年第2期。

利只是原则性的权利条款。同时，该条并没有明确表明该权利不得由普通法律对其实施限制，从而为法律对其的限制打开了方便之门，并极易使"只有通过法律，才能对基本权利进行限制的原理，变成只要通过法律，就可以限制基本权利的现实"。① 显然，该条规定的基本权利缺乏宪法层面提供的保障。另据第 40 条的规定："中华人民共和国公民的通信自由和通信秘密受法律的保护。除因国家安全或者追查刑事犯罪的需要，由公安机关或者检察机关依照法律规定的程序对通信进行检查外，任何组织或者个人不得以任何理由侵犯公民的通信自由和通信秘密。"该条实际上是明确地将通讯自由和通讯秘密让渡给普通法律进行保护。因此，我国宪法对基本权利的保障仅属相对保障。②

根据这种保障模式，法院不能在司法过程中引用宪法的基本权利条款并加以具体解释即所谓的宪法的司法化以适用到具体的案件中，其结果就是，这些条款只有依赖普通立法加以具体化，并由普通立法规定救济方式。就修订后的刑事诉讼法对技术侦查的立法自身而言，其规范的内容仅仅是对侦查机关启动和实施技术侦查的模糊要求，尽管有关技术侦查启动、实施及监督的规定可以在客观上对公民权利的保护产生积极影响，但该修订立法在有关公民通信自由和通讯秘密权利的保障上，仍然存在比较严重的缺陷和不足。详

---

① 参见林来梵：《宪法学讲义》，法律出版社 2011 年版，第 234 页。

② 一般来说，宪法对基本权利的保障方式有绝对保障方式、相对保障方式和折中保障方式三种。所谓绝对保障方式，即对于宪法所给规定的基本权利，由宪法自己所设立的制度加以保障，其他下位的法律法规不能加以任意限制，或者规定例外的情形，同时还会设立实效性的违宪审查制度。美国即属于此种类型。相对保障又叫依据法律的保障。其特点不是直接根据宪法对基本权利进行保障，而是宪法规定了基本权利，但基本权利的保障主要交给下位的法律去实现（法律保留）。折中型则一方面存在具有实效性的违宪审查制度，但另一方面，又将一部分基本权利的保障委诸普通法律去保护，采用了一定范围的法律保留。参见林来梵：《宪法学讲义》，法律出版社 2011 年版，第 232 页以下。

言之，在有关技术侦查立法内部，除了在实施中存在自我审批、自我监督的体制性问题外，即使是由公民通信自由与秘密保障权利合逻辑延伸且对技术侦查能进行有效约束的知情权及对侦查得来的资料销毁的在场权，也没有在法律中明确规定。而在技术侦查立法外部的制度系统中，类此的主观性防御权即便能见诸刑事诉讼立法，但也存在权利行使上的障碍。这里仅以被告人及其辩护人有权提出申请排除非法证据为例，虽然根据修订后的《刑事诉讼法》第54条的规定，"采用刑讯逼供等非法方法收集的犯罪嫌疑人、被告人供述和采用暴力、威胁等非法方法收集的证人证言、被害人陈述，应当予以排除。收集物证、书证不符合法定程序，可能严重影响司法公正的，应当予以补正或者作出合理解释；不能补正或者作出合理解释的，对该证据应当予以排除"。非法技术侦查所得到的材料为视听资料、电子数据并无相关规制立法，但笔者认为，非法技术侦查的危害性，并不亚于非法口供，更不逊于非法物证和书证，因此，也应受到非法证据排除规则的规制，[①] 可以根据《刑事诉讼法》第56条第2款的规定："当事人及其辩护人、诉讼代理人有权申请人民法院对以非法方法收集的证据依法予以排除。"但是，同款又规定，在行使适用非法证据排除程序的请求权时，当事人及其辩护人、诉讼代理人"申请排除以非法方法收集的证据的，应当提供相关线索或者材料"。对此，《最高人民法院关于适用〈中华人民共和国刑事诉讼法〉的解释》第96条作了明确规定，即由当事人及其辩护人、诉讼代理人向法庭提供涉嫌非法取证的人员、时间、地点、方式、内容等相关线索或者材料。但是这里存在的问题是，没有设立法庭审查时有关非法证据排除申请的权利告知程

---

① 当然在严格遵从证据分类的大陆与英美法系国家，电子数据一般都归属于书证，如果遵照这样的分类标准，我国非法取得的电子数据、视听资料即可适用现行的排除规则。有关电子数据证据属性的分析可参见笔者在后文中的论述。

序，有违现代法治国家在权力与权利的博弈中"抑公权、伸民权"的基本法理。而且，在由作为追诉主体的检察机关主导且没有当事人及其辩护人、诉讼代理人参与的技术侦查程序中，这些线索的获得，无疑十分困难。

即便可能①启动非法技术侦查资料排除的法庭调查程序，但是，根据修订后《刑事诉讼法》第57条，在对证据收集的合法性进行法庭调查的过程中，如果现有证据材料不能证明证据收集的合法性的，人民检察院可以提请人民法院通知有关侦查人员或者其他人员出庭说明情况；人民法院可以通知有关侦查人员或者其他人员出庭说明情况。有关侦查人员或者其他人员也可以要求出庭说明情况。显然，法庭首先展开的是有关供述笔录或录音录像的书面审理，只有在不能排除刑讯逼供嫌疑时，才通知有关人员出庭"说明情况"。当侦查人员违反第57条"经人民法院通知，有关人员应当出庭"的规定时，需要承担何种责任也就不了了之。在"两个证据规定"（《关于办理死刑案件审查判断证据若干问题的规定》和《关于办理刑事案件排除非法证据若干问题的规定》）出台后，一些地方法院已在其制定的实施细节中，针对有关讯问人员不出庭作证，作出了不予采信相关供述的规定。② 这种做法虽值得肯定，但细则超越了既有规定的范围，成为一种下位立法。类似的，如果将来的部门解释作出不予采信之类的规定，也缺乏法理正当性。非

---

① 笔者认为，从刑事诉讼立法及最高人民法院的相关解释中不难判断，现行非法证据排除的法庭调查程序的启动及适用对象，实际上只是针对非法刑讯逼供的口供，而且在实际适用时仍然关隘重重，所以对其他类型的非法证据通过法庭调查程序进行的排除仅属可能。参见何邦武：《刑事非法证据排除规则的结构功能及其完善》，载《江海学刊》2013年第3期。

② 如河南省高院出台的《关于办理刑事案件排除非法证据若干问题的规定》实施细则，其第1条规定，对于非法取得的证据，不能作为认定案件事实的根据。而被指刑讯逼供取来的证据，经法庭通知，讯问人员拒不出庭作证的，对取得该证据的合法性不予采信。

法口供尚且如此，对在可能影响司法公正时方有可能启动非法技术侦查资料的排除，会因为涉及公务秘密等理由，更加难以指望传召侦查人员出庭作证，与此相关的一系列犯罪嫌疑人、被告人的权利自难祈望得到保障。

此外，提供线索或材料应该如何理解，是否需要提供一定的证据并达到相当理由的程度，如果法院认为当事人及其辩护人、诉讼代理人提供的线索或材料不足以使其启动非法证据调查程序时，后者应该如何实现进一步的救济。以及承担证明责任的控方应达到何种标准，方为已足，刑事诉讼法也没有明确，难免在执行中产生随意性。

对上述制度的判定还可从有关不得强迫自证其罪的规定中找到印证。其实，视我国刑事诉讼制度中，已经规定了犯罪嫌疑人、被告人不得强迫自证其罪的权利，是对《刑事诉讼法》第 50 条规定的误解，本条只是对审判人员、检察人员、侦查人员依照法定程序收集证据的禁止性规定，即在收集证据的过程中，"不得强迫任何人证实自己有罪"，并非是对犯罪嫌疑人、被告人权利的赋予。2012 年 3 月 8 日全国人大常委会法制工作委员会副主任郎胜在回答媒体记者采访时，就明确表明了这一点："……不得强迫任何人证实自己有罪，这是我们刑事诉讼法一贯坚持的精神，因为现在的刑事诉讼法里就有严禁刑讯逼供这样的规定。为了进一步防止刑讯逼供，为了进一步遏制可能存在的这样一种现象，这次刑事诉讼法明确规定不得强迫任何人证实自己有罪，这样的规定对司法机关是一个刚性的、严格的要求。"① 应当说，郎胜这里的解答是忠实于我国刑事诉讼价值目标的体系性解释，且唯有作此解释才能说明本规定之所以与第 118 条规定的"犯罪嫌疑人对侦查人员的提问，

---

① 参见法制日报网，http://www.legaldaily.com.cn/zt/content/2012 - 03/09/content_ 3418666. htm? node = 36708，访问时间：2014 年 12 月 16 日。

应当如实回答"不相矛盾的原因。

在上述主观性权利之外，客观性的价值秩序理念下的基本权利保障制度更是我国刑事诉讼法律制度的真空地带。如前所述，我国刑事诉讼制度以治罪理念为根本，以惩治犯罪为刑事政策导向，缺乏现代刑事程序法治理念及其引导下的无罪推定原则，其基本权利的保障不难想见。在职务犯罪技术侦查所依存的整个侦查体制中，上述理念及原则缺失所致的基本权利保障不足更加显明。整体而言，尽管有近年来的不断改进，我国现行侦查体制中侦查权力与人权保障之间的不平衡仍是不争的事实：大量侦查行为不但缺乏正式的法律依据，仅由侦查机关内部的文件加以规定，包括搜查、扣押、查封、冻结等在内的所有侦查措施的使用，完全由侦查机关自行决定，无须司法机关事先授权。[①] 尤有甚者，公安、检察机关在其解释刑事诉讼法时常常从本部门的利益出发，致使侦查权力在执法过程中进一步扩张，审前侦查手段基本上都成为强制侦查。显然，这种结构性缺陷造成对侦查权力监督的弱化，给本属于封闭和行政化运作的侦查权恣意行使提供了便利，非法取证手段的普遍存在，成为刑事诉讼的潜规则之一。[②] 而从整个诉讼程序来看，现行的诉讼阶段而非审判中心的诉讼体制，使侦查权实际上处于诉讼的中心，从外部促成了侦查权的膨胀。

遗憾的是，在修订后的刑事诉讼法中，这种侦查权力格局一仍其旧，没有新的变化。以犯罪嫌疑人在审前地位状况为例，修订后的刑事诉讼法仍没有规定犯罪嫌疑人在侦查讯问时享有沉默权、律师在场权等基本诉讼和人权保障制度，其第 118 条继续沿用原

---

① 参见孙长永：《侦查程序与人权保障：中国侦查程序的改革和完善》，中国法制出版社 2009 年版，第 1—9 页。

② 刑事司法中存在的"潜规则"问题确实无法回避，已经引起学者的关注，龙宗智先生对此作出了自己的归纳，可参见龙宗智：《法律实践中的"潜规则"》，载 http://www. civillaw. com. cn/article/default. asp？id = 28240，访问时间：2014 年 4 月 3 日。

《刑事诉讼法》第118条要求"犯罪嫌疑人对侦查人员的讯问，应当如实回答"的规定，形成一种强制，与自白的任意性规则相去甚远。其结果，只能使犯罪嫌疑人被完全客体化，无法也无力与侦查权力部门相颉颃，甚至转而成为控方证人，作出对自己不利的供述。而且，犯罪嫌疑人权利保障的缺乏使其程序参与不足，也使侦查过程失去有效制衡。

这种侦查权力与权利保障的不平衡使侦查部门缺少了守法的主动性，加之证据制度自身的不规范、不健全，可以预见，在侦查权对审判权具有先在影响的侦审格局下，这些不规范或违法取得的证据能较为顺畅地进入法庭，并直接制约着法庭对证据的调查，对非法证据的排除形成先天窒碍。仍以侦查过程中对犯罪嫌疑人的讯问笔录为例，目前，对犯罪嫌疑人的侦讯模式，无论是讯问的主体，还是问讯的时间、地点和讯问的方式，都给侦查部门留下了极大的"自由"空间，使各类讯问极易转为一体化的强制性讯问手段，而侦查人员又能最大化地减少程序性瑕疵。[①] 其结果，不仅笔录制作简约是常见的现象。侦查实践中，几个小时甚至几天讯问下来的记录也只有薄薄几页的陈述概要，不仅不能反映犯罪嫌疑人陈述全貌，缺乏话语本应具有的生动性表征，常常成为带有倾向性的记录。更有甚者，侦查人员还按照自己的意图"制造"证据，《南方周末》报道的李化伟杀妻案中，警方即为了与李化伟的"交代"保持一致，故意篡改证据。[②] 即使在对证人的询问中，由于普遍的作证义务及没有拒证特权制度，证人受到侦查部门的胁迫，其证言

[①] 突出表现在传唤的强制性特征、夜间讯问的无禁止、讯问方式的有罪预断等，司法实践中常常出现"先供后证"、"打时不录、录时不打"的规避法律的操控方式。参见孙长永：《侦查程序与人权保障：中国侦查程序的改革和完善》，中国法制出版社2009年版，第468页以下。陈卫东：《中国刑事证据法的新发展：评两个证据规定》，载《法学家》2010年第5期。

[②] 详见《"杀妻案"主角走出高墙》，载《南方周末》2001年11月16日。

依照侦查部门要求被制作出来的情形也不乏其例，以致审判时，不仅有被告人翻供，还出现证人翻证的现象。尽管修订后的刑事诉讼法有关于讯问时录音录像的规定，但在侦查权力缺乏有效监督和约束的制度框架下，司法实践中"先供后证"、"打时不录、录时不打"的规避法律的操控方式及录音录像被制作的可能性仍将不能排除，令人忧叹。口供的获取尚且如此，在以秘密性为特征的技术侦查中，虽然没有刑讯等肉体的折磨，但对相对人通信权利及隐私权的侵害自然更加缺乏监督，难言乐观。

四、完善相对人权利保障制度的构想

在澄清职务犯罪技术侦查程序中赋予相对人权利的该当性，并论证了我国既定刑事诉讼制度（包括与刑事诉讼中人权保障密切相关的宪法人权制度）中基本权利（以通信自由权及隐私权为核心）保障的不足之后，因应我国既定的刑事诉讼体制与制度改良的合理逻辑，笔者认为，应当发挥我国如前文所述的以"两高"为主体的特殊解释体例的法律解释功能，以宪法和刑事诉讼法中确立的"人权保障"目标为旨归，经由体系化的创造性解释，在既定制度与刑事程序法治理念的良性互动中，实施系统性的制度乃至理念的变更，打破现有刑事治罪模式，实现刑事诉讼向人权保障应然价值的回归。其基本进路应当是：兼及现代社会基本权同时具有的主观性权利和客观价值秩序的双重属性，在明晰和强化既定刑事诉讼制度中相对人主观性权利的同时，逐步推进整个刑事诉讼制度价值秩序在基本权保障基础上的更替，促进既定制度对相对人权利保障的不断完善。循此改良路径，在有关职务犯罪技术侦查程序的权利保障中，具体的改革目标应当是：明晰职务犯罪技术侦查中亟待保障的相对人的基本权利；完善由保障这些基本权利所派生的救济权；在保障上述主观性权利的基础上，转变诉讼理念，以期营造一个以基本权的客观价值属性为重心的刑事诉讼体制。

首先，明确在职务犯罪技术侦查中极易侵害因此也亟待保障的相对人基本权利。如前所述，职务犯罪技术侦查侵害的是相对人的人身自由与人格尊严的权利，主要包括隐私权、通信自由与通信秘密权，应在现行技术侦查规范中明确这些权利，以强化对公权力的约束。通过解释确定此类权利的根据是现行《刑事诉讼法》第 2 条关于我国刑事诉讼任务的规定中所指涉"尊重和保障人权，保护公民的人身权利、财产权利、民主权利和其他权利"的人权保障内容，更为明确的依据是第 18 条界定职务犯罪时定义的手段及侵害的对象，即"利用职权实施的非法拘禁、刑讯逼供、报复陷害、非法搜查的侵犯公民人身权利的犯罪以及侵犯公民民主权利的犯罪"。这里的"搜查"可解释为包括"记录监控、行踪监控、通信监控、场所监控"等技术侦查手段。在美国，即将监听、窃听等技术侦查视为搜查的一种，并引入了隐私权保护理论①，并逐步确立了适用隐私权保护的原则，可资借鉴。

美国是一个极其注重个人隐私权保护的国家。早在 1771 年，《联邦宪法第 4 修正案》便规定，"任何公民的人身、住宅、文件

①　在所有的公民基本权利的定义中，隐私权可能是最难以被定义和界定的。但是隐私权却是深深扎根在世界上各个地区的历史之中。《圣经》中也有许多对隐私保护的语句。而实质性的隐私保护则在早期的希伯来文化，古希腊甚至是古代中国就有记载。[See Richard Hixson, Privacy in a Public Society: Human Rights in Conflict 3 (1987). See Barrington Moore, Privacy: Studies in Social and Cultural History (1984).] 在现今这个对于隐私有着相当严格保护的社会环境之下，作为一种基本人格权利，隐私权可被定义为：自然人享有的私人生活安宁与私人信息秘密依法受到保护，不被他人非法侵扰、知悉、收集、利用和公开的一种人格权，而且权利主体对他人在何种程度上可以介入自己的私生活，对自己是否向他人公开隐私以及公开的范围和程度等具有决定权。包括：（1）隐私的信息，其中包括收集和处理个人数据的规则的建立，如信用信息和医疗记录的收集、记录和保存；（2）身体隐私，涉及人们身体的保护以及侵入性治疗，比如药物测试和腔搜索；（3）通信隐私，包括邮件、电话、电子邮件和其他形式的沟通的安全性、隐秘性；（4）领土隐私，侵入私人领域的问题以及私人领域的定义问题，如工作场所或公共空间中的领土隐私问题。

和财产不受无理搜查和查封。没有合理事实依据，不能签发搜查令和逮捕令，搜查令必须具体描述清楚要搜查的地点、需要搜查和查封的具体文件和物品，逮捕令必须具体描述清楚要逮捕的人"。但在1928年之前，并没有关于监听的专门立法，司法实践中的通讯保护并没有作为第4修正案的保护范围。由于现代科学技术的发展，立法者所未能够预料的情形不断出现，技术侦查的合法性一度成为法庭辩论的焦点。1928年，以 Olmstead v. U. S. 一案为起点，确立了"物理侵入"原则（又称"实质性入侵"原则），即判断情报监听是否合法的标准是考察情报监听行为有无实质性的物理侵入行为。该案的另一重要成果是出现了影响深远的质疑声，Brandeis 发表了他著名的反对意见：对第4修正案的理解必须从其立法精神去理解，不能拘泥于住宅、人身、文件等字面意思，宪法与当时的技术水平相适应，具有局限性，不能期待起草宪法时就能预料到现在的技术水平。宪法的制定者赋予我们每个人自由的权利以对抗政府……为了保护这项权利，政府针对个人隐私的每次不正当入侵，无论采用何种方式，都应视为违反了第4修正案。这一反对意见被广为引用，为后来情报监听立法提供了理论基础。[1] 1934年，国会通过了《联邦通讯法》，修改了 Olmstead v. U. S. 一案所确立的规则，其第605条禁止了侦查机关没有经过通话方同意而擅自进行的电话监听措施，而后，联邦最高法院又在判例中确认违反《联邦通讯法》的非法监听行为所获得的证据在联邦法院系统不可采用。[2] 但是，依照联邦调查局与司法部的理解，该判例仅在禁止通过非法窃听行为所获得的材料在联邦法院系统的证据能力，并未对作为调查线索的窃听资料的禁止，因此，联邦执法机关并没有停

---

① Olmstead v. U. S. 277 U. S. 438（1928）.

② Nardone v. U. S. 302 U. S. 379（1937）.

止电话窃听①。

以 1967 年 Berger 案、Katz 案为起点，监听被彻底纳入《美国宪法第 4 修正案》保护范畴，并确立了"合理隐私期待"原则（reasonable expectation of privacy）：只要当事人处于某一空间时主观上有隐私的期待，同时这种期待又被大众普遍认为是合理的，那么该空间就属于《宪法第 4 修正案》保护的范畴。该思想对世界各国的立法产生了深远影响，直至今日，仍然是美国保护公民隐私权的基本准则。②

我国在职务犯罪技术侦查中，可以隐私权保护为基础，构建对相对人的权利保障体系，并借此实现对通信自由与秘密权的保护。在适用的标准上，可引入"合理隐私期待"原则，作为保护相对人基本权利的裁量标准。但在适用中将涉及复杂的技术理性，值得进一步研究。

与上述基本权利密切相关，还应赋予相对人的知情权，包括相对人在诉讼中有被告知的权利，以及获知诉讼信息的权利。在技术侦查中，有关资料使用后销毁时相对人及其辩护人、代理人的在场权也在知情权范围之列。因此，检察机关应在结束职务犯罪案件侦查行为后，正式开庭审理案件之前，赋予相对人对检察机关在技术侦查过程中所取得的资料使用权，并且知悉其具体的制作程序。有关技术侦查知情权的保护，下述国家有关知情权的立法可资借鉴：《美国电子通讯隐私法》中规定，被监听者有获知通讯被监听的权利。在合理期间内，至迟在要求认可监听的申请被驳回或者授权监听或延长的期限届满后 90 天之内，签发或拒绝签发令状的法官应

---

① Robert A. Pikowsky, the Need for Revisions to the Law of Wiretapping and Interception of Email, Michigan Telecommunication and Technology Law Review, Fall 2003.

② Katz v. United States, 389 U. S. 347（1967）. 在此之前的一系列案例中，联邦最高法院还确立了"危险推定原则"，参见谢晓专、王沙骋、赵需要：《美国情报监听立法沿革研究》，载《图书情报工作》2011 年第 22 期。

当令人向监听令状或者申请书中指明的人送达监听结果清单。法官基于司法利益考虑，也可以裁量决定向其通讯被窃听的其他人送达监听结果清单。该清单应当通知下列事项：（1）签发监听令状或申请监听的事实；（2）签发令状或驳回申请的日期、授权或认可监听的期限或者没有认可的监听的持续时间；（3）在该期限内，有线通讯、口头或电子通讯是否被窃听到的事实，利害关系人或其律师查阅被窃听的通讯的部分内容、申请书或监听令状。如果一方当事人向法官说明正当理由，监听结果清单的送达可以推迟。①在日本，检察官或司法警察员对于监听记录所记录的通讯的当事人，应当书面通知其已作监听记录及下列事项：（1）该通讯开始和终止的年月日及对方的姓名（限于已经判明的情形）；（2）签发监听令状的年月日；（3）开始和终止监听的年月日；（4）作为监听对象的通讯手段；（5）监听令状记载的罪名和罚条；（6）关于监听令状记载以外的犯罪的通讯，此旨意及与该通讯有关的犯罪的罪名和罚条。上述通知，除通讯当事人不能特定或下落不明的以外，应当在监听结束之后 30 日以内发出。② ……收到上述通知的通讯当事人，对于监听记录中与本人通讯有关的部分，可以听取、阅览或者进行复制。③《德国刑事诉讼法》中也有类似条文，规定有关机关在采取技术侦查手段后应将相关情况及时通知技术侦查中的相对人。

其次，完善由保障这些基本权利所派生的救济权。一方面，救济权是公民各项基本权利获得保障与维护所必需的权利，"其作为一个独立的权利类型的意义在于为整个权利保障体系提供一种自足

---

① 参见《美国法典》第 2518 条第 8 款第 4 项。
② 参见《日本监听法》第 23 条。
③ 参见《日本监听法》第 24 条和第 25 条第 1 款。

的和自我完结的内在契机"。① 因为,"公民权利的精髓在于公民受到侵害时,每个公民都有权请求法律保护。政府的第一职责也就在于给予这种保护……如果法律不对侵犯法定权利的行为给予救济,它就不能再享受这一美称了"。② 另一方面,救济权的行使还使司法审查成为犯罪嫌疑人个人与国家实现互动的一种制度机制,成为刑事程序法治的关键性权利之一。"侦查权—救济权"这种"权力—权利"的刑事诉讼立法格局正是现代刑事诉讼法人权保障倾向的最好体现。③ 凭借救济权,犯罪嫌疑人可以就侦查行为的合法性提出质疑,使侦查行为接受合法性评价,正式将侦查行为纳入法律评价,从而实现真正的刑事程序法治。

救济权包括裁判请求权,提起申诉和控告的权利(如我国现行《宪法》第41条的规定)和个人向国家提起的赔偿或补偿请求权。④ 根据现行《刑事诉讼法》第14条:"人民法院、人民检察院和公安机关应当保障犯罪嫌疑人、被告人和其他诉讼参与人依法享有的辩护权和其他诉讼权利。诉讼参与人对于审判人员、检察人员和侦查人员侵犯公民诉讼权利和人身侮辱的行为,有权提出控告。"以及第36条:"辩护律师在侦查期间可以为犯罪嫌疑人提供法律帮助;代理申诉、控告;申请变更强制措施;向侦查机关了解犯罪嫌疑人涉嫌的罪名和案件有关情况,提出意见。"在既定法律制度范围内,通过合理的法律解释,可以赋予技术侦查相对人的救济权。其中,除了对技术侦查的不当乃至非法提起申诉和控告的一般性权利之外,完善现有的排除非法技术侦查所得的证据申请权、

---

① 林来梵:《从宪法规范到规范宪法——规范宪法的一种前言》,法律出版社2001年版,第92页。

② 江国华:《无诉讼即无宪政》,载《法律科学》2002年第1期。

③ 孟君:《犯罪嫌疑人权利救济研究——以刑事侦查为中心》,中国人民公安大学出版社2008年版,第89—90页。

④ 林来梵:《宪法学讲义》,法律出版社2011年版,第312页。

探索对技术侦查中所受损害的赔偿请求权，对于拓展相对人救济权的范围，具有合理性和可行性。

关于非法技术侦查所得证据的排除，前文已对一般意义上的非法证据排除所存在的问题进行了分析。从请求权的视角来审视对技术侦查非法证据的排除，可以发现，实现这一请求权的基础，除了这种系统性的制度及理念的更张外，还要结合该侦查中证据搜集及使用过程的特点进行。根据修订后的《刑事诉讼法》第 152 条的规定：如果使用技术侦查的证据可能危及有关人员的人身安全，或者可能产生其他严重后果的，应当采取不暴露有关人员身份、技术方法等保护措施。显然，对技术侦查证据材料的使用有严格的秘密性和保密要求，如何协调保障相对人的知情权与技术侦查的保密责任之间的矛盾，无疑是一大难题。鉴于知情权对于请求排除非法技术侦查证据材料的重要性，笔者认为，在该第 152 条的适用上，应将其实质性内容的裁量，建立在充分的证据和说理基础上，且相对人对这种不公开的裁定有异议权和上诉权。在这种实质性审查程序完善之外，更应注意该证据材料搜集、保存过程的形式合法性。结合现行《刑事诉讼法》第 148—152 条的规定，这种形式合法性审查包括审批程序、实施期限及延长期限的审批程序（也有部分实质内容的审查）、搜集、保管材料等的相关记录是否符合法律规定。其中，技术侦查证据材料是否符合证据保管链（chain of custody）的要求，即证据材料的收集、保管、控制、转移、分析、保存以及最终处理等的书面记录、证据日志或者其他形式的记录等每一个环节是否出现断裂，是否符合保管、记录的要求。"如果证据保管链在任何一个环节出现断裂，证据可能将不被采纳，或者丧失法律价值。"①

---

① Ed. K. Lee Lerner, Brenda Wilmoth Lerner. World of Forensic Science . Independence Gale, 2005: 548.

关于技术侦查中的相对人所受损害的国家赔偿请求权。修订后的《刑事诉讼法》第 148 条严格限定了技术侦查的实施主体和应用范围。第 150 条也就技术侦查实施的程序、对象、执行和侦查材料的适用范围等作了严格的规定，尤其是对于"如何保护相对人的隐私"的问题，立法更作了明确的要求，侦查人员不得逾越。根据上述规定，如果技术侦查过程中知悉所获取信息的人员违反相关的保密规定，泄露信息或非法提供给他人使用，相对人可否提起诉讼，请求国家赔偿。根据国家赔偿法有关刑事赔偿的规定，尽管该法第 35 条规定了行使侦查、检察、审判职权的机关以及看守所、监狱管理机关及其工作人员在行使职权时侵犯人身权时，受害人有取得赔偿的权利，致人精神损害的，应当在侵权行为影响的范围内，为受害人消除影响，恢复名誉，赔礼道歉；造成严重后果的，应当支付相应的精神损害抚慰金。但这里的问题是：一是精神损害抚慰金属于补偿的性质；二是即使是这种抚慰性补偿，也排除了对最易被技术侦查所侵犯的隐私权的补偿。

笔者认为，从法理上判断，职务犯罪技术侦查潜在的侵害，并不逊于《国家赔偿法》第 17 条所列的刑事诉讼过程中公权力对相对人人身权的有形侵害程度，而且，在国家赔偿法领域构建隐私权的救济保护，不仅对公权力具有矫正和训诫的功能，而且能进一步完善隐私权保障法律规范体系，更好地提升整个社会对个人隐私的尊重和保护意识。因此，应当在立法上明确对"隐私权"的侵犯属于国家侵权的一种，纳入国家赔偿范围，并赋予被侵权人申请赔偿的途径。这既符合程序参与原则的要求，也有利于实现"权力"与"权利"的制衡。

最后，建构一种以基本权利保障为基础的技术侦查体制和观念环境。通过创造性和系统化的制度解释，在技术侦查程序中营造体现基本权的客观价值秩序，形成一种以基本权利保障为基础的技术侦查体制和观念环境，是一项系统性工程，需要系统性的制度改良与理念革新。笔者曾就非法证据排除程序的完善，提出了一个系统性完善的设想，即重新回归刑事程序法治理论的"元叙事"，转变诉讼理念，改革审前程序，完善取证规则，推进庭审的实质化，并辅之以相应制度系统的完善。[①] 需要说明的是，经过两次刑事诉讼法的修订及近年来学界的努力，有关刑事程序法治的理论已经相当成熟，而刑事法治理念也已深入人心。换一种视角，也可以说，笔者所提出的制度及相关理念完善设想已经具备应然的法理基础，符合当前社会的正当诉求，与我国刑事侦查制度完善的大方向一致，因而具有制度及理论上的可预期性和实践中的可操作性。

五、本章小结

当下中国，执政党和政府正以空前的力度严厉惩治职务犯罪，并将其上升至重拾公权力的神圣性，恢复执政党和政府公信力的执政战略高度，而社会及公众对此的积极回应，更使对职务犯罪的惩治成为一种具有天然正当性的法律行为，由此形成了一种来自执政党、政府与社会公众交相呼应的强势话语。然而，不应忘记的是，虽然"没有干戈的天平，是法权的软弱无能"，但没有天平的干戈，将是法权的赤裸裸的暴力。[②] 目的的正当性并不能掩盖手段的非理性甚至替代手段的正当性，尤其是当后者是代表公权力的国家机关以履行自己的职责进行的时候，一旦这一"利维坦"乖张任性，将极易演化为一场对孤立无助的"小民"的权力滥用。所以，自人类文明进入法治社会以来，抑制公权，伸张民权，并极力维系二者之间的均衡，就一直是导政政府践行法治的不二法门。对待职

---

① 参见何邦武：《刑事非法证据排除规则的结构功能及其完善》，载《江海学刊》2013 年第 3 期。

② ［德］鲁道夫·冯·耶林：《为权利而斗争》，郑永流译，法律出版社 2007 年版，第 2 页。

务犯罪，同样需要遵守这一规则，并不能因为犯罪主体的特殊性和社会公众更强烈的憎厌而使对其的惩治方式自外于此。在著名的Mapp v. Ohio 案中，美国最高法院大法官克拉克写下了这样的判决意见，摧毁一个政府最快的方法是政府本身不遵守自己制定的法律，更严重的是它不遵守自己制定的宪法。[①]

　　另外，应当理性地看到，在当下中国的政治和司法格局中，所谓的社会舆情或公众民意，如季卫东先生所言，并不意味着民主，极有可能仅仅服务于因地制宜、因时制宜、先声夺人、先发制人的统治策略，或者说，国家在利用民愤的同时也控制民愤。[②] 因此，必须对此保持警惕。

　　归纳言之，在"人权保障"已成为中国建设法治社会目标的今天，在构建惩治职务犯罪技术侦查体系时，完善相对人的权利保障与救济制度，规制职务犯罪技术侦查行为，范导公权力的合法正当行使，以充分保障相对人的基本权利，显得尤为迫切和必要。这既是实现职务犯罪中技术侦查措施的适用规范化、法治化的必经之路，也将是中国刑事诉讼回到常识、回归刑事程序法治理性的应然结果。

---

　①　Mapp v. Ohio. 367 U. S. 643（1961）．

　②　季卫东：《中国司法的思维方式及其文化特征》，载 http：//www. aisixiang. com/data/4755. html，访问时间：2014 年 3 月 3 日。

第六章 职务犯罪技术侦查中电子数据搜查的一般原理

一、引言

职务犯罪技术侦查最主要的特点便是在侦查程序中运用高科技手段，其所指涉的对象，即主要依存手段即为电子数据，因此，变换问题的视角，有关职务犯罪技术侦查行为的规制，实际上就是如何规范电子数据资料的搜集问题。从证据法学的基本法理出发，所谓规范电子数据的搜集，实为取证程序如何规范及资料如何固定以保障其真实性和合法性的问题。由于上述内容涉及电子数据的性质，故而，本章将首先论述电子数据在我国作为独立的证据种类的基本原理，在此基础上，探索其搜集过程中的真实性与合法性的程序保障。

近年来，我国有关电子数据研究的著述颇多，涉及电子数据的诸多方面，[①] 修订后的刑事诉讼法已明确规定电子数据为证据的一种，但在电子数据法律地位的学理论证上仍然众说纷纭，亟待提出更加完备的法理。刑事诉讼法对如何解决电子数据取证与保全中的技术性与合法性难题也迄无定论，有关电子数据的法律规范又呈零散之势，甚至有相互龃龉之处。[②] 有鉴于此，笔者拟在借鉴电子数据既有研究成果的基础上，从既有的证据理论出发，结合有关国际组织和一些国家电子数据立法及我国的司法实践，根据刑事侦查程序的一般原理，就电子数据作为一种独立的证据法理及司法侦查实践中如何保障电子数据取证的真实性与合法性问题作一探究。

二、电子数据在我国作为独立种类证据的基本法理

当前，我国常见的电子数据种类包括：电子通讯中的电报（telegram）、电话（telephone）、传真（fax）资料等；封闭计算机系统中的单个电子文件、数据库、传统电子数据交换（EDI）、电子报关单、黑匣子、交通信息卡资料等；以及开放计算机系统中的电子数据，主要为互联网中的电子数据，如电子邮件（e - mail）、开放性电子数据交换（open EDI）、电子公告板（BBS）、电子聊天

---

① 可参见以下著述：刘品新：《中国电子数据立法研究》，中国人民大学出版社2005年版；樊崇义：《视听资料研究综述与评价》，中国人民公安大学出版社2002年版；何家弘：《电子数据法研究》，法律出版社2002年版；皮勇：《电子商务领域犯罪研究》，武汉大学出版社2002年版；刘方权：《犯罪侦察中对计算机的搜查扣押与电子数据的获取》，中国检察出版社2006年版；李学军：《电子数据与证据》，载《证据学论坛》2001年第1期；何家弘主编：《证据学论坛》（第2卷），中国检察出版社2001年版，第444—445页；张楚：《电子商务法初论》，中国政法大学出版社2000年版；宋英辉：《关于搜查、扣押电子资料的立法完善问题》，载《证据学论坛》2004年第1期；何家弘主编：《证据学论坛》（第7卷），中国检察出版社2004年版等。

② 笔者将在下文中对此作进一步的解释和说明，有关立法规范可参见何家弘：《电子数据法研究》，法律出版社2002年版附录3部分。

（e－chat）等。新的《刑事诉讼法修正案》公布之前，由于电子数据在现实生活中已大量存在，学术界在对电子数据能否作为证据这一问题上基本持肯定态度，但在电子数据如何定位上却见解各异，以致有将电子数据视为视听资料、书证、物证、鉴定结论、新型的独立证据、几种证据的混合体或者根据电子数据的表现形式及证明方法而将具体的电子数据归属不同种类的传统证据等几种观点。①这些主张以我国现行的证据法律和法理为基础，具有一定的合理性，并且能得到诉讼实践的支持，应该肯定其理论意义和实践价值。②然而，虽然上述各主张旨在维护现行法的稳定性且实际上确能实现这一目标，在我国没有就电子数据正式立法前，解决了实践中存在的问题。但面对电子数据独有的属性和形式特征，上述各家在理论上常常难以自洽，甚至出现捉襟见肘的理论困境。③各家在电子数据地位上迥然有别的主张自身也在一定程度上表明各自的理论缺陷。

　　笔者认为，就中国的证据法律语境而言，电子数据作为一类独

---

①　参见刘品新：《论电子数据的定位：基于中国现行证据法律的思辨》，载《法商研究》2002 年第 4 期。

②　在实践中，公安机关对电子数据一般采取"转化型证据"方式收集。如需要把犯罪嫌疑人的电子邮件作为控诉证据，普遍做法是对电脑进行勘验检查并制作笔录，作为勘验、检查笔录证据，或者干脆将电子邮件的内容转化为口供使用。又如，某案件需要网站提供网络日志，实践中一般由网站负责人作为证人来提供证言。在目前办案过程中，公安机关更多的做法是把犯罪嫌疑人上传的色情数码资料、淫秽网站 IP 地址、电子聊天记录、电子邮件记录等，先打印出来，再由犯罪嫌疑人签字，最后作为书证这种具有法律效力的证据来使用。

③　以将电子数据视为物证的一家观点为例（汪建成、刘广三：《刑事证据学》，群众出版社 2000 年版），虽然论者主张电子数据具有特殊的物质载体，因此属于广义的物证，但论者所主张的广义物证包括除人证以外的一切证据，这种归类既无法说明电子数据的特质，也对证据划分及电子数据的使用无指导意义。对电子数据各家定义的评述可参见刘品新：《论电子数据的定位：基于中国现行证据法律的思辨》，载《法商研究》2002 年第 4 期。

立的证据，不仅可以从其自身独特的属性中找到相应的理论基础，而且，这一划分也符合我国证据分类的逻辑，且这种分类逻辑已然制约着我国的证据立法。

首先，给予电子数据独立的法律地位是其独有的属性使然。与传统证据相比，电子数据具有如下特性：（1）与载体的可分离性。电子数据与所载的信息并不必然与特定的载体相连，不同的磁盘、光盘、磁带完全可以复制转载同一内容的电子信息。电子文件的信息不再具有固定的物理位置，而是可以从一个载体转换到另一个载体，其内容却不发生任何变化，而且，还可以通过网络传给远方的一个或多个接收者。（2）对计算机系统的高度依赖性。传统书证、物证不需要借助其他工具、设备，就可以被人们感知。电子数据在形成、传输的过程中，需要利用电磁场的变化，将信息转变成以二进制代码存在的电子形式存贮或流动，而且，这种信息只有依靠特定的系统并通过相应的程序解码，使用打印、屏显、运行等方式才能将其显现出来。（3）存储内容的易变性。由于电子数据是用二进制数据表示的，以数字信号的方式存在，而数字信号是非连续性的，如果有人故意或因为差错对计算机证据进行截收、监听、窃听、删节、剪接，从技术上讲难以查清。而且，由于计算机操作人员的差错或供电系统、通信网络的故障等环境和技术方面的原因都会使计算机证据无法反映真实的情况。在网络环境下，数据的通信传输又为远程操纵计算机，破坏、修改电子数据提供了更便利的条件。某些情况下，计算机可以按照例行程序自行恢复被删除、修改的文件，如 Word 系统在意外断电的情况下，可以将文档恢复到断电前自动保存时的状态。这也是传统证据所不具备的特点。

此外，与传统证据相比，电子数据还具有隐蔽性的特点，一些隐藏信息只能在程序运行或测试中才能体现出来，一份电子数据很可能与打印出来的复制品不是完全相同的，有些电子数据必须用产生它们的软件可以理解的形式来展示，电子数据的制作人也可以通过加密、隐藏的方式使之不易被他人获得。一些嵌入式的程序如计算机病毒可以嵌入其他文件之中，而这些病毒程序的相关信息用常规检测方式是不易发现的。而且，在证据的收集和审查判断上，电子数据往往需要电脑专家凭借尖端技术来进行。[①]

显然，即使在某些方面与其他证据形式有交叉之处，电子数据的上述属性却为其所独有，因而在取证及证据调查程序上有其特殊的要求，为电子数据确立独立的法律地位以规范其特定的取证及调查程序，实属必要。

其次，给予电子数据独立的法律地位符合我国证据种类划分的逻辑。各国证据都按照一定的逻辑进行界定并按照一定的类别进行划分。从目前划分的方式看，由于种种原因，我国证据分类采取了形式主义且比较细化的分类方式，三大诉讼法都以专门条款明确规定证据的种类并因此而将其表述方式法定化。[②] 表面来看，这种划分方式确如龙宗智教授所言，具有封闭的特性，即这种方式要求取证时必须将某类材料纳入法定的证据形式，如果未能纳入，该材料就缺乏证据资格。[③] 但仔细研究就可发现，这种只根据证据外在表现形式而进行描述性概念界定并进行证据分类的方式，既没有对某类证据外延的归纳，也没有对证据概念内涵的抽象概括。其结果，在两大法系中同为某类证据的资料，如书证及其各种形式，在我国

[①] 参见赵春雨、张云泉：《论电子数据的特点及其对取证的影响》，载《黑龙江省政法管理干部学院学报》2006年第1期；周志轶、黄卓丰：《电子数据法律适用问题研究》，载 http://article.chinalawinfo.com/Article_Detail.asp? ArticleID=2161，访问时间：2010年4月5日。

[②] 由于我国目前没有专门的证据法，对证据在法律上进行分类，是通过刑事、民事与行政三大诉讼法实现的。《刑事诉讼法》第42条将证据分为七种类型，即"（一）物证、书证；（二）证人证言；（三）被害人陈述；（四）犯罪嫌疑人、被告人供述和辩解；（五）鉴定结论；（六）勘验、检查笔录；（七）视听资料"。民事诉讼与行政诉讼由于不同的诉讼性质，分类略有不同。

[③] 龙宗智：《证据分类制度及其改革》，载《法学研究》2005年第5期。

因之成为不同种类的证据，且互相不具有种属关系。易言之，在出现新的证据形式时，因无法将其包含于已有的证据种类中而必须将其确立为一种新的证据种类。这正符合我国证据划分所沿循的逻辑。所以，笔者认为，从形式上看，我国证据划分呈封闭性，但从划分的逻辑看，我国证据划分实具有开放的属性，能够接纳新的证据成为新的一类。而这恰恰为电子数据这一新的证据形式成为一类独立的证据奠定了学理基础。

需要说明的是，我国立法对证据划分所遵照的逻辑，不仅影响我国有关证据划分的理论，也影响司法的实践，并成为一种"路径依赖"，在立法中予以沿用。而且，对证据概念的重新界定，可能带来词语使用上的不便，不太符合语言适用的便宜性及约定俗成的原则。① 这些也是影响电子数据作为独立种类的因素。

此外，给予电子数据独立的法律地位有助于实践中的取证和质证。虽然我国证据分类的方法导致我国证据种类较多，不符合两大法系通行的证据分类逻辑，并且容易出现因多标准划分产生的逻辑混乱以及种类交叉、划分不清等问题。② 但在司法实践中，这种证据分类上的形式主义和精细主义倾向，有利于司法实践的主体按照各法定的证据种类和法定的证据调查方法，把握实践中形形色色的证据材料，完成证据的收集和调查。电子数据也不例外，明确了电子数据作为一类证据的法律地位，司法主体就有了明确的可参照的标准，按照真实性与合法性的要求，进行取证和质证。

---

① "路径依赖"理论在前文中已经提及，该理论原为制度经济学的概念，在法制变革中也存在同样的问题，即法律制度变革中常呈现出自我强化和保守的特性。龙宗智教授就证据分类问题，即提出了尊重"保守性"要求的类似性观点，参见龙宗智：《证据分类制度及其改革》，载《法学研究》2005 年第 5 期。

② 龙宗智：《证据分类制度及其改革》，载《法学研究》2005 年第 5 期。

三、电子数据取证的真实性保障

明确了我国电子数据作为独立的证据种类的法理之后，必须根据其独有的属性对其取证程序作出相应的规定，以保障其真实性与合法性。① 这里首先分析其真实性保障问题。与电子数据真实性保障有关的证据规则，涉及传闻证据规则、最佳证据规则。由于我国证据立法中尚无传闻证据和最佳证据规则的规定，因此，笔者在论述如何保障电子数据的真实性时，将先就上述规则的国外尤其是证据制度发达的英美法系主要国家相应的制度及其与电子数据的关系作一梳理，在此基础上，就我国将来电子数据取证过程中的真实性保障问题进行探究。

（一）电子数据与传闻证据规则

在英美法系，传闻证据规则是指排除用以证明所主张事项真实性的庭外陈述，包括口头、书面及有明确意思表示的叙述性动作。为了防止因排除所有传闻证据所带来的证据使用上的负面影响，传闻规则还规定了许多容许采纳的例外。电子数据在通过计算机来传输和处理时，所谓的"原始证据"可能几经转化，其内容可能已有所改变，而改变后的电子数据又无法通过交叉询问的方式进行查证。即使对程序采取反向工程（reverse engineering，也称反向分析）也只能通过反汇编或反编译，获得一些汇编程序或高级语言源代码，来探求一个计算机程序的构想、原理或设计方面的信息，不能予以确定事实本身。因此，英美法系的学理和判例认为，由计

---

① 电子取证包括对存储在计算机系统或者网络设备中潜在电子数据的识别、收集、保护、检查、分析以及法庭出示等专门措施。常用的与电子数据特殊属性相适应的取证方式有打印、拷贝、拍照、摄像、制作司法文书（一般包括检查笔录和鉴定）、查封、扣押以及公证等。

算机输出的书面材料，作为电子数据的具体形式，只是一种传闻证据，原则上不能被采纳为证据。但由于电子数据在各种案件中大量出现，传统的证据规则已然受到挑战，因此，英美法系也承认传闻规则有许多例外，而依据这些例外，认可电子数据具有证据能力。

美国关于电子数据的传闻规则仅适用于电子设备存储记录与衍生记录，而不适用于由电子设备生成的记录。因为后者实际上是实物证据，不含有传闻的因素。前者则属于真实性得到保障的书面形式传闻证据的例外。根据《联邦证据规则》第803条第6款的规定，由知情人以任何形式制作的关于行为、事件、情况、意见或诊断的备忘录、报告、记录或者数据汇编（包括电子计算机存储器）。如果是在当时或其后不久制作的，或者是根据传来信息制作的，并为正常业务活动所保存，而且，该类制作是此业务活动的正常做法，并能由保管人或其他适格证人作证来证实，则可予以采纳。但如果此信息来源或者准备手段、准备情况表明其缺乏真实性的，则不在此限。在普通法中，上述所记录的事项或者事件以及对此的记录都必须出于第三人的职责，但本例外只要求在正规的业务活动中制作即可，但应是"正常做法"。可见，本项例外对普通法的相关规定有较大改革。[①]

英国没有独立的电子数据立法，与之相关的法律集中规定了电子数据的一种特殊形式，即计算机打印输出陈述文书，而没有面面俱到。与之相关的传闻规则的规定见于其制定法中，其《1984年警察与刑事证据法》第69条规定了源自计算机记录的证据可采性问题。该条规定，由计算机制作的文书中的陈述，不得采纳为该陈

---

① 本条还要求，整个过程中提供最初信息的人必须具有第一手知识，即"亲身知悉"，这与普通法中的要求一致。但本条对普通法中强调的，制作业务活动记录的人必须不能作为证人出庭（作为采纳该记录的条件）没有规定。关于业务活动记录的证明，本条作了具体的规定，而且，为了促进正常行事的活动记录的引入，国会颁布了制定法，对刑事诉讼中的国外记录规定了证明程序。

述中所宣称的任何事实的证据，除非该陈述表明：（1）没有合理理由相信因为计算机使用不当而使陈述不准确；（2）在所有重要时刻均能正确操作计算机，或者即使未能如此，但不论是操作不当，还是计算机停止运行，在任何方面均未因此影响文书的制作或者文书内容的准确性；（3）满足依照第二款在法庭规则中规定的任何相关条件。法庭可以制定条文，要求在任何根据本条需要提供陈述证据的诉讼中，按照要求的形式和时间提供规则可能要求的与陈述有关的信息。其《2003年刑事审判法》第129条关于"人以外的描述"也是有关计算机类证据的规定，根据该条，（1）如果对任何事实的描述，（a）不是由人做出的；但是（b）其准确性取决于一个人（直接或者间接地）提供的信息，则不得在刑事诉讼中把这种描述采纳为该事实的证据，除非能够证明该信息是准确的。（2）第（1）款不影响推定机械装置被正确安装或者校准的效力。可以看出，源自计算机记录的陈述可以采纳的唯一条件就是不存在操作不当或恶意操作计算机的情况。①

　　加拿大虽然于1998年颁布了独立的《统一电子数据法》以明确电子数据的法律地位，但在电子数据传闻规则的适用上，仍依照传统规则。该法第2条明确规定："除鉴证和最佳证据规则以外，本法并不修改任何普通法或制定法与记录采信有关的规则。"亦即，在电子数据的适用方面基本上遵照传统的传闻规则。为了满足电子数据的特殊形式，该法不要求证人提供口头证据，也不需进行宣誓，而代之以宣誓书（affidavit），做出宣誓书的人不一定亲身知悉电子记录系统的各个方面，但如果该人了解相关信息，则其宣誓书具有可采性。如果宣誓书的可靠性受到质疑，提供电子记录的人就必须提供有关电子记录系统可靠性的更翔实的证明。该法没有对

---

① 参见何邦武：《刑事传闻规则研究》，法律出版社2009年版，第112、113、98页。

宣誓书的制作人作出明确的规定，出示电子数据的一方可自行决定谁是最具有信服力的证人。宣誓书的作证人，可以被相对当事人交叉询问。

上述国家均将电子数据作为正常业务活动记录的例外予以采纳。借鉴前述国家立法，在我国将来的电子数据进一步完善立法中，可以将电子数据作为正常业务活动记录即业务文书的例外，在符合业务文书制作程序的前提下，承认其证据资格。① 而且，我国现行的《中华人民共和国合同法》（第 11 条）及《中华人民共和国电子签名法》（第 2、4 条）等已经以功能等同的方式确立了电子数据具有书面形式的证据资格，为电子数据作为传闻规则的例外奠定了基础。② 尤其是《电子签名法》还参照联合国《电子商务示范法》将非歧视原则引入该法，并在第 3 条中明确规定：当事人约定使用电子签名、数据电文的文书，不得仅因为其采用电子签名、数据电文的形式而否定其法律效力。这些既有的立法都为我国将来电子数据的完善立法及法律运用打下了良好的制度基础。

（二）电子数据与最佳证据规则

最佳证据规则要求诉讼当事人只能用最有说服力的原始证据来证明案件事实，排除传来证据的适用。③ 由于电子数据不存在传统意义上的"原件"，其原件只是一堆人们无法识别的以数字代码为

---

① 参见何邦武：《刑事传闻规则研究》，法律出版社 2009 年版，第 112、113、98页。

② 《合同法》第 4 条关于合同的书面形式列举了包括电报、电传、传真、电子数据交换和电子邮件等形式的证据并冠之以数据电文的名称。而晚于《合同法》公布的《电子签名法》则就数据电文及相关的电子签名的概念作出界定，即以电子、光学、磁或者类似手段生成、发送、接收或者储存的信息。而电子签名则指数据电文中以电子形式所含、所附用于识别签名人身份并表明签名人认可其中内容的数据。

③ 参见［美］约翰·W. 斯特龙：《麦考密克论证据》，汤维建等译，中国政法大学出版社 2004 年版，第 464 页。

原始存在形态的电磁信号，人们看到的只是电子数据的外在表现形式，依据最佳证据规则，当在排除之列。为了使电子数据能够作为证据使用，各国或国际组织都作了特别规定：

一是对"原件"进行重新解释。如《美国联邦证据法》第1001条规定，文字或录音的原件是指该文字或录音材料本身，或由他人制作或提交的具有同样效力的副本或复本。如果数据存储在电脑或类似设备中，那么任何从电脑中打印或输出的能够准确反映有关数据的可读物，皆为原件。其《1999年统一证据规则》在修订时更是另辟蹊径，以"记录"一词替代原先的"文书、录音和照片"的术语，并在规则101（3）中对"记录"作恰当界定，这样创建了一种独特的用于解决电子数据可采性的"独一无二的方法"。此方法侧重电子数据作为原始证据采纳的实质要件。在2000年6月通过的《美国国际国内电子签章法》中就作了类似规定：若电子记录满足了准确性和可调取性即视为满足了原件要求。

二是新立形式性标准，直接规定将电子数据视同原件而予以采纳。与前者相比，此方法侧重的是形式要件。联合国贸法会的《电子商务示范法》第8条则规定："（1）如法律要求信息须以其原始形式展现或留存，倘若情况如下，则一项数据电文即满足了该项要求；（a）有办法可靠地保证自信息首次以其最终形式生成，作为一项数据电文或充当其他用途之时起，该信息保持了完整性；和（b）如要求将信息展现，可将该信息显示给观看信息的人。（2）无论本条第（1）款所述要求是否采取一项义务的形式，也无论法律是不是仅仅规定了不以原始形式展现或留存信息的后果，该款均将适用。（3）为本条第（1）款（b）项的目的：（a）评定完整性的标准应当是，除加上背书及在通常传递、储存和显示中所发生的任何变动之外，有关信息是否保持完整，未经改变；和（b）应根据生成信息的目的并参照所有相关情况来评定所要求的可靠性标准。"为了确认电子数据具有与传统书证同等的法律效力，该法

第6、7条用功能等同的方式就电子数据在何种情况下即视为具备书面形式和满足了签名的条件作了规定。可以看出，贸法会是从系统的完整性出发，作为电子数据原始性的标准。

《加拿大统一电子数据法》关于电子数据与最佳证据规则的关系，突破了传统最佳证据规则对"原件"的要求，该法没有拘泥于"原件"标准，而是新创设"电子记录系统完整性"（integrity of electronic records system）标准来解决电子数据中有关最佳证据规则的问题。立法者认为，系统的可靠性（system reliability）可以代替记录的可靠性（record reliability），这种可靠性意味着准确、完整。该法第4条规定：如果是明确地、连续地运用、依靠或使用某一原始输出稿形式的电子记录，作为原始输出稿记录或存储的信息的记录，则该电子记录视为最佳证据规则意义上的记录。在最佳证据规则适用于电子记录的情形下，只要能够证明记录或存储该数据的电子记录系统的完整性，即满足最佳证据规则的要求。由该规定可知，即使存在电子记录的原件，如纸面文件的电子影像（electronic image），该法也不要求提供纸面记录。该法也不以原件已被销毁作为电子影像被采信的前提。《加拿大统一电子数据法》为电子记录的采信专门设计了一项规则。如果某些人在正常的业务过程中按照合理的时间表销毁了纸面原件，他们在使用这些记录的可靠的电子版本时不应受到不公平对待。即使出于存档的需要而拥有纸面原件，如果其电子版本能满足该法对完整性的要求，他仍可提供电子版本作为证据。"系统完整性"标准从证明单个记录的完整性，转而证明生成和保存记录的计算机系统的完整性，是电子数据对最佳证据规则的突破。

比较而言，确立新的规则简便、易行，更具可操作性，且符合电子数据对特定技术性的要求，也与将电子数据作为独立的一类证据相适应。在我国将来的电子数据完善证据立法中，可借鉴贸法会和加拿大立法经验，以"系统的完整性"作为电子数据满足最佳证据规则例外的标准，只要能满足这一要求，即可对其予以采用。而且，我国在这方面已具备一定的基础。《中华人民共和国电子签名法》第5、6条已就电子数据形成、传输等环节的完整性保障及其效力作出了规定。另外，最高人民法院在2001年《关于民事诉讼证据的若干规定》和2002年《关于行政诉讼证据的若干规定》中，不仅承认电子数据交换、电子邮件以及其他数据资料的证据效力。此外，在《关于民事诉讼证据的若干规定》第22条规定："调查人员调查收集计算机数据或者录音、录像等视听资料的，应当要求被调查人提供有关资料的原始载体。提供原始载体确有困难的，可以提供复制件。提供复制件的，调查人员应当在调查笔录中说明其来源和制作经过。"《关于行政诉讼证据的若干规定》第64条规定："以有形载体固定或者显示的电子数据交换、电子邮件以及其他数据资料，其制作情况和真实性经对方当事人确认，或者以公证等其他有效方式予以证明的，与原件具有同等的证明效力。"

值得注意的是，与本书讨论的相关取证规则关系更为密切的是以下两部规则中的相关内容：一是2005年，公安部颁布的《公安机关计算机犯罪现场勘验与电子证据检查规则》，其第30条规定，除特殊情况外，"不得直接检查原始存储媒介，应当制作、复制原始存储媒介的备份，并在备份存储媒介上实施检查"。二是2012年最高人民检察院颁布的《人民检察院电子证据鉴定程序规则（试行）》第15条的规定："检验鉴定过程应当严格按照技术规范操作，并做好相应的工作记录。检验鉴定应当对检材复制件进行，对检材的关键操作应当进行全程录像。检材每次使用结束后应当重新封签，并填写《使用和封存记录》。"该规则第5条还对电子鉴定的内容作了具体规定，即"进行电子证据鉴定，委托单位应当提交以下材料：（一）鉴定委托书；（二）检材清单；（三）检材及有关检材的各种记录材料（接受、收集、调取或扣押工作记录，使用和封存记录；检材是复制件的，还应有复制工作记录）；（四）委托说明（包括检材的来源、真实完整、合法取得、固定及封存状况等）；（五）其他所需材料"。

在职务犯罪技术侦查中，根据最高人民检察院在最新颁布的《人民检察院刑事诉讼规则（试行）》第 266 条的规定："采取技术侦查措施收集的物证、书证及其他证据材料，侦查人员应当制作相应的说明材料，写明获取证据的时间、地点、数量、特征以及采取技术侦查措施的批准机关、种类等，并签名和盖章。"该实施细则是对证据保管的系统性规定。另外，根据《人民检察院电子证据鉴定程序规则（试行）》第 21 条的规定："经检验鉴定确定的电子证据应当复制保存于安全的存储介质中。无法复制的，可通过截取屏幕图像、拍照、录像、打印等方式固定提取。"

上述规定符合电子数据保管过程的特点，能够满足传闻证据规则与最佳证据规则的要求，从而能够达到本书前文所要求的证据保管链标准，值得肯定。

四、电子数据取证的合法性保障

与其他传统形式的证据一样，刑事诉讼中侦查人员的电子数据取证，同样面临如何保障其合法性问题，即不仅需要符合法定的证据形式（种类），而且需要符合法定的取证程序。有关电子数据形式合法性即法定证据形式问题已在前文作了论述。需要进一步说明的是，为便于实践运用，将来的完善立法宜在设定独立的电子数据种类的同时，进一步以列举的方式对电子数据的常见形式作出规定，并保持这种列举方式呈开放性的结构，为其后新类型的电子数据留下空间。

除任意侦查外，使用强制侦查措施收集电子数据包括以公开手段的搜查、扣押和以秘密手段进入计算机系统截取信息两种方式，这些手段的使用无疑限制甚至剥夺了公民的财产权、隐私权和通讯自由权。从刑事程序法治的应然角度出发，有关强制侦查的基本原则也应当适用于电子数据的取证程序。因为，现代刑事诉讼制度的基本功能之一，就是通过程序控制国家刑罚权，其目的是约束国家追诉的权力，防止其被滥用，而保障公民的权利，以保证追惩过程的程序正当，实现刑事程序法定。包括电子数据强制取证在内的强制侦查措施，因其可能侵犯公民的人身自由、财产权，甚至公民的隐私，涉及公民作为人所应有的尊严，应该是刑事诉讼中国家权力行使和公民权利保障最易发生冲突的领域，明确地界定其权力行使的疆界、程序并引入司法监督程序，是实现强制侦查措施法治化的必由之路，也将是中国刑事诉讼回到常识、回归理性的必然结果，尽管目前的法律实践部门和法学界对此众说纷纭，莫衷一是，但笔者相信这一朝向现代刑事程序法治发展的趋势不会改变。① 在电子数据强制取证时，应结合其特质，找到适用强制侦查原则的具体方式。

首先是法定原则如何适用？关于电子数据搜查、扣押的立法模式，从英、法、德、日等国的情况来看，分为两种：一种是有明确的立法。如《英国1984年警察与刑事证据法》第19条第4款规定：在具备法定情形下，警察对于存储于计算机之中且在该场所里即可获取的任何信息，都可以要求将其制造成有形且可读的、能被带走的形式予以扣押。另一种是无明确的立法而只有一般的关于搜查、扣押的规定。如《日本刑事诉讼法》第102条规定：法院在必要时，可以对被告人的身体、物品、住所或其他场所，进行搜查。对被告人以外的人的身体、物品、住所或其他场所，以足以认为有应予扣押的物品存在的情形为限，可以进行搜查。参酌上述立法模式，我国可采取对搜查、扣押作出一般规定与对电子数据作出特别规定相结合的立法模式，既为电子数据的强制取证设定共同的

---

① 孙长永：《侦查程序与人权保障》，中国法制出版社2009年版，第286页。

界限，也使该强制取证增强可操作性。① 关于以秘密手段进入计算机系统截取信息，也应以立法作出明确规定为宜。在立法权限上，原则上只能来源于法律的规定，只有轻微危害的取证才可以由法律授权的行政法规加以规定，但效力等级较低的司法解释与部门规章等无权在法律之外增加侦查机关强制取证的权力。

　　关于执行的主体，通常应当是侦查机关的侦查人员，因应电子数据的技术性特点，还应当规定侦查机关必要时可以聘请有资质的机构或其他适格的专业技术人员协助进行。例如，美国联邦调查局为应对计算机网络犯罪，即建构了一整套打击计算机网络犯罪的技术侦查体系：一是设在联邦调查局总部的网络部（cyber division），负责协调和整合各具体部门的关系，确保部门之间的凝聚力。二是受过特训的网络小组（cyber squads），这些网络小组设在联邦调查局总部以及 56 个外地办事处，小组成员均为"技术特工和分析专家，负责侦查侵入计算机、窃取知识产权和个人信息、进行儿童色情产品开发以及网络诈骗等犯罪"。三是网络行动组（cyber action teams），该行动组在接到通知后，将随时协助打击侵入计算机网络系统的犯罪，同时该行动组还负责收集对国家安全和国民经济构成致命威胁的计算机犯罪的重要情报。此外，美国的计算机侦查体系还包括分布于全美各地的 93 个计算机犯罪特遣部队，这些特遣部队实现了尖端科技和联邦政府、州政府和地方政府侦查资源的完美结合。英国也设置了专门侦查机构——电子犯罪中央警察机构（the Police Central e – crime Unit，PCeU）。加拿大则由皇家骑警的技术部门设置的技术犯罪项目部负责对计算机犯罪的技术侦查

---

　　①　目前，我国刑事诉讼法没有专门的电子数据的搜查、扣押的规定。为适应实践需要，公安部和最高人民检察院的有关规定对电子数据的搜查、扣押作了规定。如公安部《公安机关办理刑事案件程序规定》第 197、215、218 条等的规定。这些规定因规范本身的效力等级及内容的局限性，有适用中短绌的缺陷。但可以为将来的立法提供借鉴，可以一阅。

（technological crime program）。[1]

其次是司法审查原则如何贯彻？司法审查制度的确立是中国刑事司法走向刑事程序法治的必由之路，也为在刑事司法中对底线正义坚守所必需。在将来的电子数据强制取证中，也应坚定地实行此原则。但在具体实施时，宜做到坚持原则与把握例外的统一，即一般情形下，侦查机关对于强制取证的实施，应先取得法院的同意，紧急情况下，侦查机关可先行采取必要措施，但事后应取得法院的确认，考虑到电子数据的无形性和易变性，尤应如此。针对我国刑事诉讼体制的现状，还可以根据案件的性质、强制取证电子数据对公民权利侵害的程度等，赋予检察机关及侦查部门一定的决定权。但是否所有紧急情况下都设置例外，值得研究。例如，在德国，搜索命令由法官为之，有迟延危险时，得由检察官及其辅助机关为之。但对新闻业界处所的搜索，只得由法官为之。[2]

对英美等国有关有形物的强制搜索实施中的附带搜索和一目了然（plain view）原则的例外，笔者在前文中已对此进行了分析，总之，此类例外用于电子数据的搜索、扣押时，需要特别注意可能出现的问题。因为，从对计算机等有形物的搜索、扣押到进入计算机系统进行的数据搜索，如果原来是以对计算机的财产权扣押为目的的，那么进行数据搜索时，其前后对象性质已经发生了变化，当此之时，此类例外不能设置。

再次是比例原则如何确立？本次修订刑事诉讼法时，已明确规定，"人民检察院在立案后，对于重大的贪污、贿赂犯罪案件以及利用职权实施的严重侵犯公民人身权利的重大犯罪案件，根据侦查

---

① 参见陈永生：《计算机网络犯罪对刑事诉讼的挑战与制度应对》，载《法律科学》2014 年第 3 期。

② ［德］ Claus Roxin：《德国刑事诉讼法》，吴丽琪译，三民书局 1998 年版，第393 页。

犯罪的需要，经过严格的批准手续，可以采取技术侦查措施，按照规定交有关机关执行"。最高人民检察院在最新颁布的《刑诉规则》第 173 条中明确规定，在初查过程中，不得采用技术侦查措施。就是对比例原则的遵守，值得肯定。尽管如此，在具体执行该项规则时，仍应把握好以下内容，即在刑事电子数据取证领域，比例性原则要求侦查机关在进行数据收集与截获时，宜保持必要的谨慎，以适度技术手段，将对公民隐私权、财产权的侵犯降至可容忍的限度，实现行使侦查权力与保障公民权益的平衡。在电子数据的调查取证中，因其智能性和无形性特征，使进入计算机主机系统进行的搜查、扣押等强制取证行为不同于通常有形物的搜查或扣押，因为随意一个指令的输入，就可能突破原来设定的数据范围，因此，确立比例原则尤为重要。例如，当电子数据的载体取走，从而不能在侦查部门的计算机中被鉴定，只有应用检查中的计算机系统进行分析时，调查与没收涉嫌犯罪的计算机装置的权力行使的边界，就应当按照比例原则予以设定。目前，各国通常采取的原则是，法律禁止那些仅仅为了收集很少数的数据而全面没收数据载体或全部计算机装置的做法。这值得我国将来的立法借鉴。

此外，在计算机网络数据的调查中，应该避免通过电信路线调查连在一起的不确定的计算机系统的数目。除非司法授权进行更广泛的调查，网络数据的收集与截获应该限制在计算机系统本身所允许的范围之内，否则对公民隐私权极易造成侵犯。①

最后是保密原则如何施行？电子数据涉及国家、商业秘密和公民个人隐私，需要严格遵守与之相应的保密原则：对于社会（主

---

① 参见汪建成、刘广三：《刑事证据学》，群众出版社 2000 年版，第 208—209 页。我国公安部门适用的已经 2007 年修订颁发的《公安机关办理刑事案件程序规定》第 215—218 条，对电子数据的搜查、扣押的有关规定已接近法定原则和比例原则，可为将来立法提供参照。

要是新闻媒体），除法律另有规定或者经权利人同意或法官批准外，侦查机关及有关知情人不得对外泄露搜查、扣押或截获的电子数据信息。这种保密要求还包括由侦查部门制作的存储于电脑或网络中的电子信息。针对电子数据的技术性强的特点，在取证过程中，应当严格按照技术规范进行操作，必要时交由专家进行取证，以防泄密。在利用和处理资料时，应当注意保守秘密及保护当事人和相关人员的合法权益。对于不构成犯罪的，搜查、扣押、截获的电子资料应当依法定程序予以销毁或者返还。① 最高人民检察院在其《刑诉规则》第 267 条中明确规定："检察人员对采取技术侦查措施过程中知悉的国家秘密、商业秘密和个人隐私，应当保密；对采取技术侦查措施获取的与案件无关的材料，应当及时销毁，并对销毁情况制作记录。"同条还规定："采取技术侦查措施获取的证据、线索及其他有关材料，只能用于对犯罪的侦查、起诉和审判，不得用于其他用途。"显然，这是对保密原则的重申和执行中的引导，应该在侦查使用过程中得到遵守。

五、本章小结

需要说明的是，笔者前文中已专门介绍了证据保管链制度，根据布莱克法律词典的解释，所谓证据保管链是指，"从获取证据时起至将证据提交法庭时止，关于实在证据（real evidence）的移送和存放（movement and location）的基本情况，以及保管证据的人员的赓续（history）情况。"② 这里讨论的电子数据取证时所应遵守的传闻证据规则、最佳证据规则，以及合法性的诸项规定，实际

---

① 参见宋英辉：《关于搜查、扣押电子资料的立法完善问题》，载《证据学论谈》2004 年第 1 期；何家弘主编：《证据学论坛》（第 7 卷），中国检察出版社 2004 年版，第 43 页。

② Bryan A. Garner. Black's Law Dictionary. 9th ed. Eagan：West, a Thomson business, 2009：260.

上也是确保取证环节符合证据保管链制度要求的必然选择，只是求证问题的视角有所不同。

完善的电子证据规制制度还应建立相应的事后制裁机制。这种程序性制裁所针对的是侦查人员、检察人员违反法律程序的行为，以宣告诉讼行为无效为其基本制裁方式，包括终止诉讼、撤销有罪判决、排除非法证据等。这种"程序违法直接导致实体结论无效"的制裁方式，可以维护刑事诉讼程序的有效实施，保障程序正义的价值得到实现。此外，设置强制取证的上述原则，还应与赋予相对人相应的救济权相结合：一是申请复议权。对违反比例原则，明显不当的授权行为，允许当事人向法院复议一次，请求撤销强制采样的决定。二是当事人提起诉讼。对没有合法授权或超出授权范围而非法进行的强制取证行为，可对相关的责任人提起民事和刑事诉讼，追究其责任。对于知悉电子数据信息的人员没有遵循相关的保密规定，非法泄露、提供或使用，给当事人造成损失的，当事人可直接提起诉讼，追究有关人员的民事和刑事责任，并有权请求国家赔偿。

随着职务犯罪技术侦查实践的不断发展与总结，理论研究的不断深入以及对法治发达国家有益制度的吸收与借鉴，必然能细致构建符合中国实际国情、有效规制通过技术侦查手段获取的电子证据制度。

第七章　职务犯罪技术侦查中的监听制度研究

一、引言

　　首先需要说明的是，本书在绪论中引述公安部于 2012 年 12 月 3 日颁发并于 2013 年 1 月 1 日实施的《公安机关办理刑事案件程序规定》（中华人民共和国公安部令第 127 号），已就技术侦查的具体侦查方式进行了界定，即技术侦查措施是指"由设区的市一级以上公安机关负责技术侦查的部门实施的记录监控、行踪监控、通信监控、场所监控等措施"。因此，有关职务犯罪技术侦查的具体侦查方式应为"记录监控、行踪监控、通信监控、场所监控"4 种方式。据此推断，我国刑事侦查中应无所谓"监听"的侦查方式。而此前出现在一些部门规章和侦查实践中与通说的监听方式相吻合的侦查方式是"特殊侦查"或"技术侦查（察）"。但在理论界，一直有以监听指称国内所谓的"特侦"或"技侦"的话语传统，而这种表达方式又实际上是介绍域外相关制度时遵从的惯例，当然也与域外制度中确实存在可直接翻译为"监听"的制度有直接关系。

　　本章仍以沿用于理论界的"监听"一词作

为研究对象，如此选择的理由有：一是遵从既有学术研究传统尤其是话语表达的习惯，以此可便于学术研究中的对话和交流；二是从监听制度的外延来看，可以包括公安部规定中的 4 种技术侦查方式，即可视监听为该 4 种技术侦查的上位概念。因此，以监听作为研究对象还可求得某种表达的便捷。

我国监听制度立法经历了一个渐进式的演进过程，由原来以各部门规章为主的形式因而零星模糊到现在修订后的刑事诉讼法以基本法的形式对包含监听在内的技术侦查作出的相对完整的规定，立法逐渐明晰，且制度刚性得到加强。这里，笔者以修订后的刑事诉讼法颁布为界，对监听制度的历史发展分为"前监听时代"和"后监听时代"两个阶段，逐次阐明我国监听制度的立法演进及相关制度缺漏。

在刑事诉讼法修订以前，我国对于监听制度只有一个概括式的规定，其"犹抱琵琶半遮面"式的模糊界定，使监听制度处于一种尴尬的境地。1993 年颁布的《国家安全法》第 10 条规定："国家安全机关因侦察危害国家安全行为的需要，根据国家有关规定，经过严格的批准手续，可以采取技术侦察措施。"① 这是我国首次对技术侦查问题作出的相关规定。紧随其后的是 1995 年颁布的《中华人民共和国人民警察法》第 16 条规定："公安机关因侦查犯罪的需要，根据国家有关的规定，以过严格的批准手续，可以采取技术侦察措施。"该法也是前监听时代，我国司法实践中实施技术侦查手段的唯一合法性根据。在具体实施中，则是由《公安部刑事侦查工作细则》予以规定：对于需要使用监听手段的案件，须承办部门提出申请，由县级以上公安机关或安全机关领导批准。通过监听获得的资料一般只是作为侦查线索使用，一概不在法庭上展示，也不作为证据使用，通过监听作为线索所获得的证据起诉机关

---

① 由于习惯用语的不同，这里"侦察"与"侦查"同义。

也不会主动向法庭说明证据的来源。①

 2000 年 9 月，由国务院颁发的行政法规《中华人民共和国电信条例》（国务院令第 291 号）第 66 条规定："电信用户使用电信的自由和通信秘密受法律保护。除因国家安全或者追查刑事犯罪的需要，由公安机关、国家安全机关或者人民检察院依照法律规定的程序对电信内容进行检查外，任何组织或者个人不得以任何理由对电信内容进行检查。"经由该法的颁布实施，技术侦查实施的主体由原来的国家安全机关、公安机关扩大到了国家安全机关、公安机关、人民检察院。然而，应当明确的是，监听涉及公民言论、通讯自由等宪法性权利，根据立法法的相关规定，对公民政治权利的剥夺、限制人身自由的强制措施和处罚的规定，只能由法律制定。因此，上述"电信条例"的规定显然是下位法违反了上位法，其效力尚待商榷，并不能据此便认为国家安全机关、公安机关、人民检察院都有了技术侦查的授权。

 可以看出，在前监听时代，我国对于监听的立法相当简略，主体参差不齐，对侦查措施实施的主体和实施的手段规定粗疏、概括，尚未涉及侦查措施的法律性质、适用对象、范围、条件、期限以及实施的具体程序、相关的监督和之后的证据资格等。这种粗疏的立法状况不仅不适合我国法治化进程的需求，也为监听这种技术措施在实践中的运用带来了困难，极易造成公权力部门的滥权，为理论界和社会公众所诟病。

 修订后的刑事诉讼法专门就监听制度作了具体的规定，以基本法律的形式对其进行规制，结束了此前司法实践中运用监听手段缺乏足够法律依据的历史，无疑在我国侦查法治化进程上具有重要的里程碑意义：一是进一步推进了我国监听制度法治化的进程。在刑

---

 ① 李明：《监听制度研究：在犯罪控制与人权保障之间》，法律出版社 2008 年版，第 275 页。

事诉讼法修订以前，实施监听手段常被人诟病的重要原因便是缺乏法律的正式授权。虽然前述国家安全法和警察法以及《电信条例》规定了"可以实施技术侦察措施"，但由于其粗略模糊的概括式规定，下位法明显违背上位法等问题，并不能得到社会公众和学术界的认同，并且由于执行过程缺乏监督、约束等问题，而缺乏公信力，甚至由于缺乏明确的法律授权使这一行为一直游离于非法状态。随着修订后的刑事诉讼法的出台，对使用包括监听在内的技术侦查措施的实施主体、适用范围、审批程序、适用期限、执行程序和证据资格等方面的规定，不仅改变了监听措施这种非法状态，而且，随着技术侦查措施的施行，将进一步完善我国的侦查理论和刑事程序理论，夯实我国刑事程序法治理念。二是进一步完善了侦查制度，使侦查措施体系化并更趋完整、合理。一方面，监听措施是重要的侦查措施之一，世界上多数法治国家都以立法的形式对监听作出专门规定，或以单行法的形式，或直接规定于该国刑事诉讼法中。另一方面，从世界范围来看，监听措施作为不可缺少的侦查手段之一，已是侦查措施体系的重要组成部分，将其纳入基本法是监听制度发展的必然趋势。三是规范了监听所获材料的证据资格，增强了侦查机关惩治犯罪的力度，也有效克服了"刑不可知，则威不可测"这一公权力的痼疾，使刑事诉讼法律制度中的人权保障这一应有的基本价值目标得以有真正实现的可能。

然而，在总结我国监听制度发展的历史，肯定其于基本法律中得以明确规定所具有的刑事程序法治进步意义的同时，笔者更愿就现有立法中存在的不足及如何完善作一综合分析，并借此完成对技术侦查从理论分析到实践运用的全方位和整体性思考。

在研究方法和目的上，本章不同于本书此前的专题性研究，而主要表现为综合性探讨将技术侦查制度运用于实践的贯穿性研究。囿于此一目的与方法，本章将重在相关制度与研究的整理上，而不以实现研究的专与精为目的。

二、现行监听制度立法的不足

如前所述，修订后的刑事诉讼法对包括监听在内的技术侦查措施的规定无疑具有重要的积极作用和进步意义，然而，遗憾的是，落实到具体实施上，监听仍存在在适用范围、适用条件、审批程序、实施程序及法律责任等方面规定过于宽泛甚至不明确的缺陷，极易造成监听措施实践中适用的恣意从而侵害相对人的权利。

一是适用范围及条件模糊。适用范围及条件的模糊性易造成监听的任意性。修订后的《刑事诉讼法》第148条第2款规定："人民检察院在立案后，对于重大的贪污、贿赂犯罪案件以及利用职权实施的严重侵犯公民人身权利的重大犯罪案件，根据侦查犯罪的需要，经过严格的批准手续，可以采取技术侦查措施，按照规定交有关机关执行。"根据该款规定，对职务犯罪的技术侦查的启动，其适用标准可归纳为重大犯罪且有需要，内容较为模糊。最高人民检察院在其《刑诉规则》第263条就此的解释是："人民检察院在立案后，对于涉案数额在10万元以上、采取其他方法难以收集证据的重大贪污、贿赂犯罪案件以及利用职权实施的严重侵犯公民人身权利的重大犯罪案件，经过严格的批准手续，可以采取技术侦查措施，交有关机关执行。"并在该条第2、3款就贪污、贿赂犯罪及严重侵犯公民人身权利的重大犯罪案件的范围作了进一步的解释，其"采取其他方法难以收集证据"应视为对"根据侦查犯罪的需要"的说明。显然，这样的结果仍无法满足实践中如何裁量启动技术侦查的要求。在主要法治发达国家，关于实施技术侦查的立法都普遍规定，技术侦查一般要求满足两个实质性条件：一是有证据证明有需要实施技术侦查措施的犯罪发生；二是使用其他侦查措施无效或会对侦查人员的人身造成极度危险的情况时，即技术侦查措施应当作为"最后手段"时才允许使用。因此，监听作为技术侦查手段之一也不例外，其实施的条件应包括这两方面。而我国对此并无任何相关限制，规定中的"根据侦查犯罪的需要"或"采取其他方法难以收集证据"仅仅只是泛泛而论，是否可以通过解释将其界定为侦查实施的最后手段，仍然悬而未决，给相对人权利可能受到的侵害留下隐忧。

　　二是审批主体缺乏中立地位，审批标准及程序简略。总体而言，目前的技术侦查审批主体缺乏超然中立地位，审批标准及程序规定过于简略。这将难以保障客观公正义务的实现。由于监听措施本身的特殊性，极易对相对人造成侵犯，因此，大多数法治发达国家都对监听措施的审批进行了较为严格的限制。在审批主体上，各国普遍规定由执法机关以外的部门对监听措施的使用进行审批。如英国、美国、日本、德国规定由法官决定是否实施监听措施，在紧急情况下由检察官审批作为例外。如《德国刑事诉讼法》就有此项规定 [1]。但也有少数国家的技术侦查手段由执法部门决定，如英国监听手段的使用就是由国务大臣发放许可证，在紧急情况下，经国务大臣授权，一名高级官员也可发放截收通讯许可证，[2] 但因其客观公正的问题备受争议。而根据我国刑事诉讼法的规定，侦查机关实施监听措施时，审批的主体则是侦查机关本身。对于检察院而言，虽然潜在的制度理念是检察官负有客观公正的义务，即检察机关在搜集证据时，既能注意对被追诉人不利的情况，也能注意到对被追诉人有利的情况，做到不偏不倚地全面收集证据，但这种义务在实践中却殊为不易。笔者在前文中已对此进行了分析，我国法律

---

　　① 《德国刑事诉讼法典》，李昌珂译，中国政法大学出版社 1998 年版，第 33 页。德国《刑事诉讼法》第 100 条 b 就规定："对电讯往来是否监视、录制，只允许由法官决定，在延误就有危险时也可以由检察院决定。检察院的命令如果在三日内未获得法官确认的，失去效力。"

　　② 英国《2000 年调查权管理法》课题组：《对英国〈2000 年调查权管理法〉的分析研究报告》，载陈光中、江伟：《诉讼法论丛》（第 7 卷），法律出版社 2002 年版，第 175 页。

赋予了检察机关对于职务犯罪类案件的部分侦查权，因此，当检察机关成为侦查机关时，往往会发生侦查与监督二者角色的冲突，难以形成超然中立的地位来进行审批和监督。纵使在一些法治国家，也难免会出现与检察官客观公正义务相悖的情况。[①] 因此，检察院的这种自我审批、自我监督，只能起到有限的内部监督作用。这种权力封闭运行的状态无疑大大削弱了审查功能，并且，从以往的实践经验来看，这种审批常常被执行机关当作秘密对待，外部机关和人员无从知晓，极易使审批程序流于形式，为监听措施的实施打开方便的大门。

在审批程序上，修订后的《刑事诉讼法》第 148 条第 2 款只规定了"经过严格的批准手续，可以采取技术侦查措施"。何谓"严格的批准手续"？究竟经过怎样的审批手续才能实施技术侦查？比如，这一审批程序究竟是书面审查还是举行一定范围的听证程序，并无规定。在法治发达国家，对于监听的审批，都要求申请者在法庭专门的庭审程序中，由申请人就其申请所依赖的事实进行全面、完整的陈述，包括监听对象的姓名，特征，已经、正在或即将实施的犯罪情形，以及申请监听的期限。负责审查的法官在审查批准时，必须审查判断此种申请是否已具备相当理由，且与正在调查的职务犯罪具有相关性，如不能满足上述条件，即不得批准。而我国对于监听措施的审批标准和程序显然过于简略，如上所述，当审批被执行机关当作秘密对待时，外部机关和人员根本无从知晓，内部审批标准与程序是否严格也就无从得知。

三是监听所获材料的保密与销毁程序规定粗疏。监听所获材料

---

① 例如在德国，"检察官尽量避免提起被证明不成立的指控，但这与法律要求的公正性无关，而是检察官的效率和职业作风的要求。一旦作出起诉决定，德国检察官将抛开他们的中立姿态，尽力去赢得诉讼，甚至不亚于美国的检察官"（参见［德］托马斯·魏根特：《德国刑事诉讼程序》，岳礼玲、温小洁译，中国政法大学出版社 2004 年版，第 41 页）。

的保密与销毁程序规定过于简略，且缺乏相关主体泄密和不当销毁的法律后果。根据现行《刑事诉讼法》第 150 条的规定："侦查人员对采取技术侦查措施过程中知悉的国家秘密、商业秘密和个人隐私，应当保密；对采取技术侦查措施获取的与案件无关的材料，必须及时销毁。"这些规定从法律规范的逻辑结构上来看，并非一种规范命题，只具有倡导性，并无严格的责任、义务的规定。由于监听措施实施过程中难免会知悉的国家秘密、商业秘密和个人隐私等内容，因此应当对这些材料予以保密，对采取监听措施获取的与案件无关的材料，以及经合法程序排除的非法监听材料也应予以销毁，这是各法治发达国家的共识，也是相对人权益保障的重要体现。因此，如何保密，如何销毁，以及相应的法律后果也尤为重要。例如我国台湾地区"通讯保障及监察法"第 17 条就对此做了明确的规定。① 而对于违反监听保密义务的则于第 19 条规定了相应的法律后果，违反本法或其他法律之规定监察他人通讯或泄露、提供、使用监察通讯所得之资料者，负损害赔偿责任。被害人虽非财产上之损害，亦得请求赔偿相当之金额；其名誉被侵害者，并得请求为恢复名誉之适当处分。而我国目前对于监听所获材料的保密与销毁程序规定，极易造成相关资料的处理不当，给当事人隐私权等基本权利带来隐患。

　　四是监督救济程序缺位。监督救济程序的缺位易滋生侦查权力的腐败。权力的运行必须得到有效的监督，尤其是监听这种天然具有侵犯性的侦查措施，更应该进行有效的监督和控制，防止侦查权力的滥用。监督一般可分为事前监督、事中监督和事后监督。对于

――――――――――

　　①　我国台湾地区"通讯保障及监察法"第 17 条规定，监察通讯所得资料，应加封缄或其他标识，由执行机关盖印，保存完整真实，不得增、删、变更，除已供案件证据之用留存于该案卷或为监察目的有必要长期留存者外，由执行机关于监察通讯结束后，保存五年，逾期予以销毁。同时规定，相关资料销毁时，执行机关应记录该通讯监察事实，并报请通讯监察书核发人派员在场。

监听措施而言，事前的审查批准可以作为事前监督的功能之一，然而如笔者在前文分析，侦查机关自我审批的制度缺陷导致其无法成为超然中立的第三方予以有效监督，因而不免使这种事前监督流于形式，此其一；其二，由于监听措施技术性、秘密性的特征，因此在执行过程中，相对人并不知情也难以发现，因而并不像非法搜查、扣押等常规的侦查手段容易被相对人发现其违法行为或严重侵权行为，从而对侦查机关的违法行为提出检举控告，同时，法律也没有赋予相关主体对侦查行为及时检查或调查的授权和程序，如传唤当事人、调取相关案卷、录像等，因此，事中监督也难以有效落实；其三，现行法律只规定了在审批后"按照规定交有关机关执行"，对实施监听过程中是否由检察机关继续实施监督并无规定。根据我国刑事诉讼中的分工负责、互相配合体制，以公安机关事实上高于检察机关地位的现实，不难推定，公安机关在执行监听时，将无检察机关的实施过程监督。虽然法律规定人民检察院审查案件认为可能存在以非法方法收集证据情形的，可以要求侦查机关对证据收集的合法性作出说明，但这种事后性补正对监听过程的非法并不能产生遏制的作用。此外，立法并没有对监听的施行情况规定检察机关有无义务向其他部门定期报告制度，其结果，监听完全由检察机关自行掌握，成为实实在在的内部控制。①

一方面，除了检察机关自身的监督存在不足外，相对人对于监听措施的监督也难以体现。由于监听措施技术性、秘密性的特征，执行过程中相对人难以发现并及时对侵权行为提出检举控告已是不争的事实，相关法律对于监听措施结束后相对人知情权规定的空白

---

① 根据现行制度实践，每年从国家到地方各级政府的"两会"中，检察机关需向人大会议报告一年来的工作，接受监督，但对技术侦查的实施情况，并非其必须报告的内容，各级检察机关自然也乐意曲为之隐，秘而不宣。从各地公开发布的检察院工作报告中，尚无法找到技术侦查的踪影。

使这种状况更是雪上加霜。《日本监听法》就明确规定，监听结束后 30 日内，除不能确定通讯当事人或通讯当事人所在不明的以外，检察官或者司法警察员，应当将监听的内容及其他相关事项，以书面方式通知监听记录中的通讯当事人，以便利当事人监督司法机关，对其不当乃至非法的监听提出异议或控告。[①]《意大利刑事诉讼法典》第 268 条第 6 项亦规定，窃听结束后，应立即通知当事人和辩护人在法定期限内审查有关文书和录音。[②]《澳门刑事诉讼法典》第 173 条第 3 项也规定，嫌疑犯及辅佐人，以及谈话被监听之人，均得查阅有关笔录，以便能完全了解笔录与录音的内容是否相符。[③] 我国现行法律中并无此类规定，根据最高人民检察院《刑诉规则》第 265 条的规定："采取技术侦查措施收集的材料作为证据使用的，批准采取技术侦查措施的法律决定文书应当附卷，辩护律师可以依法查阅、摘抄、复制。"虽然相对人的知情权有了一定的保障，但这只是对进入起诉阶段已经固定的材料的开示，监听过程中的其他材料或者对其他相对人的监听材料，都不在公开之列。向当事人公开不仅有利于相对人对监听措施的监督，使侦查人员的行为得到有效的约束和控制，而且便于相对人在其后的诉讼中对监听资料的使用以及采取相应的诉讼防御措施，是诉讼参与原则的精神奥义，同时，这也是事后相对人进行权利救济的前提条件。

另一方面，我国目前的法律并无涉及使用监听措施对公民权利造成侵犯而设置有效的救济程序。在法治国家，都对相对人的权利救济作出了规定。这种救济一般包括两个方面：一是对违法行为的纠正、惩罚；二是对被侵权人的赔偿。对于违法侦查行为，现行刑

---

① 李明：《监听制度研究：在犯罪控制与保障人权之间》，法律出版社 2008 年版，第 162 页。

② 《意大利刑事诉讼法典》，黄风译，中国政法大学出版社 1994 年版，第 91 页。

③ 澳门政府法律翻译办公室：《澳门刑法典澳门刑事诉讼法典》，法律出版社 1997 年版，第 203 页。

事诉讼法已规定了下述纠正手段：检察机关可以要求侦查机关就证据收集的合法性作出说明、通知司法机关纠正违法行为、检察院和法院可以对非法证据进行排除、对构成犯罪的违法侦查行为立案侦查。从这几种情况来看，没有规定追究一般违法侦查行为的行政责任和民事赔偿责任，这将很难对违法侦查行为起到有效的警诫作用和被侵权人的补偿作用。因为在司法实践中大量发生违法侦查行为的是一般违法行为，构成犯罪的严重违法行为相对较少，只规定追究刑事责任效果就有限。

此外，非法监听所获材料证据资格应如何界定，现行法律并无规定，也是现行制度的不足。非法监听所获材料证据资格界定的空白带来了实践操作困难。依照法律规定采取的监听措施收集的材料在刑事诉讼中可以作为证据使用，说明合法的监听所获材料当然具有证据能力，可以作为证据直接进入庭审。但非法监听所获得的材料呢，是否还具有可采性？这里还涉及非法监听问题的界定。非法监听包括违反技术侦查的范围、条件、程序等，是否一旦违反就可以进行排除，还是有些可以补正，有些应当排除？刑事诉讼法对此语焉不详，给实践中的具体操作留下了空白。

三、完善监听制度的设想

监听制度相关规定在法律条文中本身存在的不足及其置身于刑事诉讼制度体系后所遭遇的结构功能性障碍，不仅昭示了进一步推进相关监听制度改革的必要性，也说明监听制度这种侦查措施的改革不能以其自身的完善为满足；而必须立足于整个刑事诉讼体系，实施系统性的制度乃至理念的变更，推动侦查程序法治化进程，在承认并赋予公民基本权利的前提下，使国家权利和公民权利之间保持一种必要的张力。然而鉴于法律的稳定性和权威性要求，在新法甫定时再作较大的修改不符合情理，且从法律经济学的视野来看，这种做法也不经济。笔者以为，为弥合法律规定的不足，可以循沿如前文所述的我国既有的解释体制，由"两高"对此作出司法解释，以满足司法实践的要求。

（一）明晰监听的原则

监听基本原则作为监听立法和实践的指导，贯穿于整个监听法律制度，它指引着监听具体制度的价值理念和实务中的具体操作，因此，明确监听的基本原则具有重要意义。监听作为一种强制措施的种类之一，有着强制措施共有的原则，如无罪推定原则、程序法定原则、比例原则、令状原则等。这些原则与其他强制措施所应遵循的基本原则是一致的，本书前文已就如何以渐进的方式实现上述基本原则进行了分析论证。这里仅就如何在监听中，改革与建构相应的原则作进一步探析。

一是进一步明确重罪原则。根据前文的分析，为防止在审查批准时对重罪原则裁量的恣意，应借鉴主要法治国家启动监听所设立的重罪原则的立法经验，应就现行的最高人民检察院《刑诉规则》第263条所规定的"采取其他方法难以收集证据"前面附加"有相当理由表明"的内容，以此表明对启动监听程序的审慎使用。根据最高人民检察院《刑诉规则》第263条第1款的规定，贪污、收受贿等涉案数额应在10万元以上，方可启动监听。根据我国刑法的量刑标准，该罪可能的刑期在10年以上，远远高于我国逮捕这一强制措施启动的"可能判处有期徒刑"的标准，不能不对此更加慎重。尤其是针对现行的职务犯罪监听在检察机关内部审批这一现实，更有必要设定更加严格的标准。

二是探索建构适度公开原则。适度公开原则是指侦查机关在实施监听措施时，应当在一定条件下告知相对人以及满足社会公众的知情权，使相对人或社会公众知悉侦查机关的侦查行为。由于监听本身具有高度的秘密性，监听在一定条件下的透明化揭开了监听的神秘面纱，可以消除社会公众因无知或担心随时可能被监听而带来的恐惧；同时也是监督司法机关权力是否正确行使的有效途径。并且司法适度公开之意义远远不止在于监督这一狭隘层面，同时也是民众作为社会之主体，对于法律生活的积极参与。[①]适度公开原则不仅是现代刑事诉讼民主性的要求，让当事人在一定程度上享有知情权，使当事人更为有效地参与到刑事诉讼中来，也是对侦查机关监督的需要。权力的监督需要实体上分权制衡进行监督，更需要程序性监督，向公众、有关机关或当事人公开侦查机关的侦查行为，无疑可以对侦查机关进行有效的程序性监督。

三是加强隐私权等相对人权利的保护。一方面，隐私权及通讯自由和秘密等权利的保护是现代刑事程序法治目标的题中应有之义，具有普适性，自应为建设法治国家的我国刑事诉讼制度所遵循。除了明确在立法或通过司法解释赋予相对人上述基本权利外，这里主要涉及知情人员的保密和监听资料的处理。即该原则要求因执行监听而知悉公民隐私的人员或因公务接触公民隐私的知情人员须对知悉的公民隐私承担保密义务，对于监听资料，除有法定理由外不得泄露给其他任何人员、单位、团体，并应妥善保管和处理，以防止当事人隐私被泄露。本书在先的论述中，已就如何在既有制度的基础上，通过司法解释，赋予相对人基本权利问题进行了分析，此不赘述。但需要申明的是，包括监听在内的技术侦查措施的施行，必须明确赋予相对人基本权利，唯有如此，才能为刑事程序保障人权的法治目标的实现提供新的路径。

另一方面，由于任何原则都必然存在例外，应对包括监听在内的技术侦查手段的启动，也应在遵守基本原则的同时，考虑到诉讼实践的千变万化，而赋予检察机关一定的例外。即正常情况下的监

---

① 正如拉德布鲁赫所说："司法的公开性不应仅仅为了监督，民众对法律生活的积极参与会产生对法律的信任，对法律的信任同时又是他们主动参与这类活动的前提。"《意大利刑事诉讼法典》，黄风译，中国政法大学出版社1994年版，第38页。

听必须要遵守上述原则，然而在紧急情况下的监听则是作为原则的例外。紧急监听是指在紧急情况下，一旦延迟就有可能发生危险及意外，或严重犯罪正在进行，一旦延迟就有可能错失收集证据的机会，则侦查机关可以先行实施监听，无须审批核准机关授权。各国监听法普遍对紧急监听进行了规定，作为一种例外存在，其可以便利侦查机关侦查的展开，具有一定的灵活性，这也是由犯罪行为的复杂性和难以预料的特点决定的。对于紧急监听不能作扩大解释，应对其具体情况予以明确界定，笔者以为紧急情况应包括有生命危险或身体严重遭受伤害的、威胁国家安全利益的密谋活动、有组织犯罪的密谋活动。对于紧急监听，侦查机关事后必须在规定的时间内补交申请，如果申请没有被核准，则应立即停止监听，所获得的资料也不得作为证据使用。

值得注意的是另外一种情况的例外，"9·11"事件发生以后，小布什政府开展了"总统监控项目"（the President's Surveillance Program，PSP），该项目旨在为总统收集秘密情报，可根据白宫的要求，国家安全局为创建该项目提供技术特工，并具体负责情报收集工作，待获取情报之后，国家安全局还将这些情报提供给联邦调查局和中央情报局等机构分享，为他们的分析和侦查活动提供帮助。[①]该项目下的一个子项目即"恐怖分子监听项目"，该项目可授权对通讯一方为非美国公民的国际通行进行无须令状授权的监听。但据《纽约时报》披露，因为技术方面的原因，该监听实际上可以对交流双方都是美国人的通讯进行监听。《纽约时报》随之的披露引起轩然大波，美国联邦司法部对该项目的法律地位及其对未来刑事追诉活动的影响表示严重关切。而随后的联邦地方法院也裁决该项目

----

① Wikipedia. Terrorist Surveillance Program（EB/OL），载 http//en. wikipedia. org/wiki/President%27s_ Surveillance_ Program#cite_ note－IG－1，访问时间：2014 年 12 月 10 日。

违宪违法。由于"恐怖分子监听项目"饱受诟病，小布什政府借助 2007 年的《保护美国法案》以及《国外情报监视法案》2008 年修正案创立了一个新的替代项目——"棱镜"项目。棱镜系统的监听能力与美国联邦调查局的网络数据收集系统相比有过之无不及。通过该项目，美国国家安全局可以单方面接触网络数据并对正在进行的通讯和储存的信息进行广泛而深入的监听，监听对象包括电子邮件、视频和音频聊天、视频、相片、文件传输等各种形式的信息。以致如美国中央情报局和国家安全局前雇员斯诺登所言，他们可以进入并可以获得他们想要的所有东西。[①]"棱镜"计划之所以在监听中有如此大的潜在和实在威胁而仍然为美国政府所采用，一个重要的原因是"反恐"的现实需要，从而突破了既有的原则。

在职务犯罪中，是否在将来遇到类似于反恐这样的问题，以致突破既有的原则约束，而设置例外。即使没有这样紧迫的威胁而出现新的例外的产生，但美国政府在"9·11"之后的上述行动及其间折射的法理，仍值得思考并可为职务犯罪技术侦查的原则及例外的规定提供借鉴。

（二）规范监听适用的程序

一是规范监听申请程序。现行法律制度对职务犯罪监听的启动申请只作了模糊的规定，根据最高人民检察院《刑诉规则》第 265 条规定："人民检察院采取技术侦查措施应当根据侦查犯罪的需要，确定采取技术侦查措施的种类和适用对象，按照有关规定报请批准。"这里申请的主体虽然可以推定为检察机关内部负责职务犯罪侦查的部门，但这种申请应以何种方式、具备哪些内容等规定仍不明确。对于监听申请的方式，通行的做法一般都要求以书面的形

---

① 参见陈永生：《计算机网络犯罪对刑事诉讼的挑战与制度应对》，载《法律科学》2014 年第 3 期。

式进行申请，以此体现对监听措施的谨慎和严肃，同时也是审批部门（主要是法官）据以授权的凭据。为了确保申请的可信度，美国、加拿大等国还要求用附誓词的书面申请。但在一些特殊的情况下，也允许以其他方式如电话进行申请。[①]对于这种方式的申请，法官可以显示文字的电讯方式以及电话或其他电讯方式发出授权，但只可以给予不超过 36 小时的授权。申请时间一般是在监听之前，如果出现紧急情况，各国一般允许事后追认。因此，笔者以为我国在申请方式上也应以书面申请为原则，由侦查部门根据案件以最高人民检察院《刑诉规则》所列条件并具有相当理由提出。在遇到紧急情况时，如正在进行危害国家安全罪、不立刻监听将会遗失重大案件重要证据等，可以口头申请作为例外进行申请，事后补交附具理由的书面申请，如果没有被批准，应当立即中止监听并销毁监听资料。为了真正做到对监听的严格控制，应当引入听证程序，在申请以后，检察机关负责审批的部门以听证的方式对申请进行审查，由申请的检察人员当面陈述何以需要进行监听的理由。听证已成为检察机关在许多检察监督工作中的职责履行方式，对于监听这一如此重大的侦查行为，更迫切需要引入听证方式。

关于监听的审批主体的现状及改革设想，笔者已在前文讨论检察监督时进行了评述，笔者仍愿重申：这种侦查主体"自我申请"、"自我审批"、"自我侦查"甚至"自我监督"的权力封闭运行模式应当予以改革，唯此方能克服相关侦查中，检察机关"自我审批"、"自我侦查"甚至"自我监督"的权力封闭运行的弊端，增强公权力的公信力和权威性。鉴于我国目前的司法体制，检察机

---

① 《加拿大刑事诉讼法典》，卞建林等译，中国政法大学出版社 1999 年版，第 127 页。《加拿大刑事法典》第 184.3 条规定："若情况不允许申请人待见法官，按照第 184.2 条（2）款规定可以单方面通过电话或其他方式的电讯向省法院法官、有刑事管辖权的高级法院法官或第 552 条所示法官提出授权申请。"

关作为国家法律监督机关的地位短期内并不会发生改变，而且，在目前的刑事司法体制下，这应当是一种较为可取且"相对合理"的选择。因此，应当考虑将检察院监听申请的审查批准调整为上提一级来行使监听的审查批准，实现制度的相对合理性。在未来的改革中，应将监听的审查批准权交由法院来行使。必须明确，由法院行使监听的审查批准权，既是世界各国立法的趋势，也有利于对监听适用进行完全具有中立性的实质性审查，更是我国侦查程序走向法治化的重要标志之一。

关于申请的内容，主要是申请监听的理由，也即对监听的适格性进行阐述，同时，应写明时间、地点和申请者本人的身份等基本要素。例如，美国就对申请内容做了相对严格的限定，其内容大致包括5个方面：（1）提出申请的侦查官员和授权申请官员的身份；（2）对于申请人认为应当签发监听令所依赖的事实进行全面、完整的陈述；（3）全面、完整地陈述是否已经尝试过其他侦查手段并且失败了，或者为什么采取其他侦查手段将不可能成功或太危险，以及批准申请的人和申请人所知道的有关以前针对同一人、同一设备或同一场所提出过的所有申请的事实和法官对于每个申请所作的决定；（4）要求监听的持续期限；（5）如果是要求延长监听期限的申请，必须写明已经进行监听的结果或者合理地解释没有取得这种结果的原因。接受申请的法官可以要求申请人补充提供证词或书面证据。[①] 在法律中明文规定这些内容，不仅有利于操作，也有利于执法的统一，更有利于相关审查主体对于监听侦查手段的事前监督。笔者以为，我国监听申请书应包括以下内容：（1）提出监听申请的主体；（2）应当签发监听令所依赖的事实进行全面、完整的陈述；（3）监听作为最后侦查手段的理由；（4）要求监听的持续期限。至于监听内容的审查，笔者以为，审查批准机关应根

---

① 参见孙长永：《侦查程序与人权》，中国方正出版社2000年版，第136页。

据申请者提供的材料，对监听是否属于最后手段、是否具有必要性以及能否通过监听取得证据等方面进行实质性审查，切忌成为侦查流水线上的一道作业。[①]这也是防止监听滥用的一道重要有效的防护屏障，因而必须对监听内容进行有效的实质性审查。

二是监听执行程序的完善。根据现行法律制度，对于职务犯罪监听的执行，只有"按照规定交有关机关执行"这一模糊的授权性规定，根据现行法律规定，监听的实际执行机关为设区的市一级以上公安机关。根据公安部《公安机关办理刑事案件程序规定》（127 号令）第 255 条的规定："技术侦查措施是指由设区的市一级以上公安机关负责技术侦查的部门实施的记录监控、行踪监控、通信监控、场所监控等措施。技术侦查措施的适用对象是犯罪嫌疑人、被告人以及与犯罪活动直接关联的人员。"但公安机关究竟如何进行监听，现行法律都没有规定。另据最高人民检察院《刑诉规则》第 266 条的规定："采取技术侦查措施收集的物证、书证及其他证据材料，侦查人员应当制作相应的说明材料，写明获取证据的时间、地点、数量、特征以及采取技术侦查措施的批准机关、种类等，并签名和盖章。"虽然具有一定程度的指导性，但没有结合监听的特点，仍然存在不足。笔者建议，在具体的执行上，还应明确以下内容：（1）监听记录的连续性。监听内容记录在相关的媒体载体中时应注意记录的连续性，不得随意中断或剪接，执行人员对监听过程应做相应的记录并确认签名。对于被监听到的内容，执行人员或因公务接触到监听内容的人员除经法定程序以外不得泄露，即使在完成公务或离职后也应当负有相应的保密义务。

---

① 据我国台湾地区"法务部"发布的 2001 年度通讯监察报告，2001 年全年度，司法警察机关共申请 7250 件，被批准 7218 件，核准率为 99.55%，但在所有监听案件中，因监听而破案的仅占两成，由此可见一斑。参见曾平彬：《论违法监听之法律效果》，"国立"中正大学法律学研究所 1991 年硕士论文，第 186 页。

（2）监听结束后对资料的封存。为了使监听资料使用具有可信性，确保程序正义，所有相关的监听资料在监听结束后应当在相关监督部门的监督下进行封存，封存后由执行人员和监督人员进行签名确认。（3）监听结束后相对人及其辩护人的知情权。笔者以为，在不影响侦查的情况下，应当在监听结束 90 日内，告知相对人及其辩护人被监听的情况。这是监听适度公开原则在个案中的体现，也是监听措施的重要事后监督，相对人可以核实监听内容，并对相关监听内容提出异议，辩护人可以对监听内容中有利于相对人的部分进行合理运用，为事后的庭审辩护做出充分的准备。

三是监听证据资料的保管与销毁。这里的重点是监听资料使用后如何保管与销毁。前文引述的最高人民检察院《刑诉规则》第 266 条规定的签名、记录等可以作为执行的依据。笔者在前文中介绍的证据保管链制度应当是执行监听资料保管的基本原则。关于销毁，最高人民检察院《刑诉规则》第 267 条基本是对刑事诉讼法相关规定的重述，规定了对采取技术侦查措施获取的与案件无关的材料，应当及时销毁，并对销毁情况制作记录。既无新意，也缺乏可操作性。

笔者认为，根据前文所述的相对人权利保障原则的要求，根据我国现行职务犯罪侦查体制的特点，为了确保监听的有效利用和防止监听资料的滥用，原件应立即封存，目前暂时可由检察院指定存放地点，并且至少应当保管 5 年，到期应在检察院相关人员和当事人在场的情况下予以销毁。对采取技术侦查措施获取的与案件无关的材料，也应当在检察院相关人员和当事人在场的情况下予以销毁。

（三）赋予相对人权利与救济

无救济即无权利，承续前文讨论的关于技术侦查基本权利的基本理论和制度构建设想，笔者认为，作为技术侦查的一种，这些基本原理和基本权利也应作为监听制度完善的内容。即既要立足于现行法律制度系统，通过创制性解释赋予相对人主观性的基本权利，主要是隐私权、通信自由及通信秘密权等防御性权利。也要在这些解释中，以权利在现代所具有的客观价值属性为基础，将其作为法律秩序的应然价值并使其在制度建构中得到显现。这里仅就监听过程中相对人的救济权略作分析，在监听过程中，应赋予相对人以下保障和救济性权利：一是申请复议权。当事人对监听决定不服的，可以向法院申请复议一次，请求撤销监听决定，但不得提起上诉。上级检察机关受理复议后，认为监听决定不当的，应判决撤销监听决定，监听视为自始无效，并销毁所获得监听资料的原件和复制品。二是否定证据的适格性的请求权。对于非法监听所获得的监听资料，除非法律另有规定，不允许该监听资料作为证据指控被告。此点为比较有效的救济渠道，如果不确立非法监听资料的排除规则，监听立法的成效将不明显。但目前而言，申请非法证据的排除障碍重重，制度建构任重道远，需要更深入的研究。三是销毁监听资料的参与权和知情权。对所有的不当监听资料，除非法律另有规定，都应当在有当事人在场的情况下进行销毁。四是允许当事人提起相应诉讼的权利。对没有法定授权而非法监听的可以提起民事和刑事诉讼，追究有关人员的责任。对监听执行人员和协助执行的工作人员非法泄露、提供或使用监听资料者，当事人可直接提起诉讼，追究有关人员的民事和刑事责任，并有权请求国家赔偿。

四、监听资料证据资格的认定

监听所得资料的证据资格问题，从某种角度来说，实为整个监听的重心。因为，监听的资料有无证据资格关系到整个监听行为的目的能否达到，关系到公权力行使过程的权威性和公信力，也关系到监听过程中是否真正实现了对相对人基本权利尤其是救济权的保障，因此，有必要专门作一分析。就现行制度而言，适用于确立监听资料的证据资格的规则主要是修订后的《刑事诉讼法》第152

条规定："依照本节规定采取侦查措施收集的材料在刑事诉讼中可以作为证据使用。"以及同法第 54 条第 1 款规定："收集物证、书证不符合法定程序，可能严重影响司法公正的，应当予以补正或者作出合理解释；不能补正或者作出合理解释的，对该证据应当予以排除。"根据以上规定，经合法程序获得的监听资料具有当然的证据资格，而根据第 54 条第 2 款规定的内容推断，监听资料的取得如果严重影响司法公正，应当予以补正或者作出合理解释。只有在不能作出合理解释时，才由法官予以排除。但上述规定对于审查电子数据资格时审查的内容究竟包括哪些，并无明确规定。目前，可资参酌适用的是 2010 年最高人民法院、最高人民检察院、公安部、国家安全部、司法部颁布的《关于办理死刑案件审查判断证据若干问题的规定》第 29 条的规定，根据该条："对于电子邮件、电子数据交换、网上聊天记录、网络博客、手机短信、电子签名、域名等电子证据，应当主要审查以下内容：（1）该电子证据存储磁盘、存储光盘等可移动存储介质是否与打印件一并提交；（2）是否载明该电子证据形成的时间、地点、对象、制作人、制作过程及设备情况等；（3）制作、储存、传递、获得、收集、出示等程序和环节是否合法，取证人、制作人、持有人、见证人等是否签名或者盖章；（4）内容是否真实，有无剪裁、拼凑、篡改、添加等伪造、变造情形；（5）该电子证据与案件事实有无关联性。对电子证据有疑问的，应当进行鉴定。对电子证据，应当结合案件其他证据，审查其真实性和关联性。"从内容上判断，该条仅就电子数据的真实性和关联性进行审查，与笔者前文中有关电子数据证据链的要求较为一致，可与后者共同作为监听资料证据资格审查的依据。但是，该项规定对本应作为重点审查内容的合法性却没有提出具体的要求。有鉴于此，笔者根据既有法律规定及电子数据证据资格的基本法理，结合职务犯罪监听证据资料的特点，就非法或不当监听资料的证据资格问题，借鉴相关法治国家关于监听的立法及判例，进行分析。

一是违反监听原则所获得的监听资料。违反监听原则并影响到监听的证据资格，系指违反前文所述的技术侦查的基本原则和特有原则等，在现有的制度规定中，主要是指令状原则、比例原则、保密原则及时限原则等。值得注意的是，有些监听原则相对明确，比较容易认定，如时限原则、令状原则；而有些监听原则则相对抽象和主观，如比例原则，对于此类原则，则需要根据具体情况加以判断。如果侦查机关为了便于侦查，过度扩大监听范围或对与案件无关的谈话进行任意监听，则应认定为非法监听。

二是非法定主体进行监听所获得的资料。监听作为一种强制措施，对其适用有着非常严格的要求，对于执行主体要求必须由法定主体进行，非法定主体进行的监听一般而言属于非法监听。合法的证据必然要求取证主体的合法，而取证主体的合法就表现在主体法定。修订后的《刑事诉讼法》第 148 条第 2 款关于职务犯罪监听的执行应"按照规定交有关机关执行"。根据《公安机关办理刑事案件程序规定》（127 号令）第 256 条的规定："人民检察院等部门决定采取技术侦查措施，交公安机关执行的，由设区的市一级以上公安机关按照规定办理相关手续后，交负责技术侦查的部门执行，并将执行情况通知人民检察院等部门。"对于这一主体不得随意扩张，也不得以委托的方式再交由其他部门执行，否则，即构成违法监听。

三是未经审批核准的监听而获得的资料。在职务犯罪的监听中，对于此类资料的证据资格，除了针对特定之罪，或有危及公民的身体、生命的紧急危险之外，一般都要求经过审批机关审查批准，这是监听实施的合法性依据，没有经过审批机关审查批准就进行监听，应属于非法监听。一般来说，未经过审查批准的监听包括几种情形：第一种是根本没有经过审查批准而进行的监听。第二种是审查批准的形式要件缺乏，如没有核准人签名、核准机关盖章等。第三种是审查批准的内容违法，如审查批准监听的罪名不属于法定的监听范围、许可时间超过法定期间等。而在法定的紧急情形下，没有经过审查批准所进行的监听，要迅速取得审核机关的追认，如果没有获得追认，已进行的监听会被认定为非法监听，其资料为非法监听资料。第四种是超过法定监听时限所获得的监听资料。一般的监听都要求在法定时限进行，如果在法定时限内的监听已达到目的，应立即结束监听，以便符合以最短时间进行监听的要求。如果在法定时限无法结束并仍有必要进行监听时，则应重新申请延展时间，如果没有申请延期或没有获得批准延期而进行的监听，则都是违反法律强制规定的监听，属于非法监听，取得的资料属于非法监听资料。第五种是对审查核准对象以外的第三人进行监听所获得的监听资料。对何人进行监听是审查批准监听的重要内容，一般监听申请内容都进行了明确的规定，如超出批准的范围对他人进行监听，这是对他人隐私的严重侵犯，属于违法监听。现行立法也明确规定了对采取技术侦查措施获取的与案件无关的材料，必须及时销毁。当然，如果在监听中发现有其他的人应予监听，既可申请对其监听，也可进行紧急监听而后取得核准机关的追认，但不能不经核准就对第三人一直进行监听，否则属于非法监听。①

由于对非法或不当监听证据资格的裁量，由法官裁量是否排除，因此，可借鉴有关国家关于非法监听资料证据资格的认定和排除的立法及判例。美国在司法实践中对非法监听资料证据资格的把握便较为审慎，联邦最高法院认为是否排除非法监听资料主要是看该监听内容的取得所违反的程序是否起"核心作用"②，即并非任何违反监听法定程序的非法监听资料都需要排除，只有那些违反监

---

① 李明：《监听制度研究：在犯罪控制与保障人权之间》，法律出版社 2008 年版，第 186 页以下。

② U. S. v. Giordano，416 U. S. 505（1974）.

听法规定的程序要件，将无法达成立法者限制"监听在真正需要情况下始得实施"的目的时，违法监听所得的证据始得加以排除。① 例如，在 1974 年的 U. S. v. Giordano 案中，联邦最高法院认为对贩毒疑犯 Giordano 监听的申请不是由司法部长特别指定的助理授权的，而是由司法部长的执行助理授权的，该行为对程序的违反起到了"核心作用"，② 所得证据应被排除。理由是法律明确规定了授权之人，其他人无权授权监听，其目的在于在令状签发前对监听这种侵犯公民隐私的侦查行为进行控制，有关授权申请人的资格直接关系到监听这种侦查行为的事前控制，在监听法定程序中起着"核心作用"，因此应排除所得证据。而在同年的 U. S. v. Chavez 案中，联邦最高法院认为对于司法部长亲自授权的监听，在监听申请书及监听令状中误写为司法部长助理的行为在法定程序中并不具有实质性作用，在对抗无监听令状上，也不具有"核心作用"和"功能性作用"，因此该案中的证据没有被排除。由此可见，在对证据可采性相当严格的美国，并未对非法监听所获资料的证据资格进行全盘否定，而是在遵守正当程序和追求实体真实之间，设置了相对可操作性标准，即虽然法律规定了当事人有权提出监听资料作为非法证据而要求法官予以排除的动议，但法官并不必然排除该证据，而是要根据"核心作用"这样一种标准来进行自由裁量。

对于我国非法监听所获资料的证据资格，笔者以为，应当将现行立法中的"可能严重影响司法公正"解释为：严重违反监听程序和侵犯公民权益的非法监听所获得的监听资料，并以此予以排

---

① 江舜明：《监听在刑事程序方法上之理论与实务》，载《法学丛刊》第 168 期。

② 美国《通讯隐私法》规定，在联邦系统，向管辖法院法官申请截取有线通讯、电子通讯及口头交流的，必须经司法部长、副部长、司法部长助理或代助理或者经部长指定的司法部刑事局的执行助理受权。在州系统，则只能由州首席检察官或者地方政治实体的首席检察官根据州成文法的授权，向有管辖权的法官申请监听令状。

除。对于非紧急情况下没有获得审查批准的监听、超出法定范围进行监听所获得的资料，也应理解为严重影响司法公正的行为，原则上都不应具有证据资格。对于一般性违法监听行为获得的监听资料应容许其补正后具备证据资格，如在记录监听行为时记录的文字错误、署名错误等。对于非法监听资料，应坚持法定排除与裁量排除相结合的原则。

五、本章小结

无论如何，随着包括监听在内的技术侦查措施走进作为基本法律刑事诉讼立法中，我国刑事诉讼中长期为人诟病的人权保障问题将得到较大限度的改善。在政府公权力部门，一方面，这一立法将固然为监听措施的合法使用消除障碍，为应对包括职务犯罪、有组织犯罪等重大、复杂犯罪行为的惩治提供新的和更加有效的合法化手段；但另一方面，公开的立法也必然将公权力的行使纳入规范，使公权力部门在使用此类侦查手段时必得遵照法定程序，不得逾越授权范围，且严格遵照法定期限，对侦查获取的资料严守秘密等。更为重要的是，这将为相对人及其辩护律师、诉讼代理人提供一种对抗逾越立法的侦查手段的"平等武装"（fair arms），从而有利于公民权利与政府公权力的博弈，并最终实现惩治犯罪与保障人权的刑事诉讼目标的均衡。这一立法效应还能传导至承接使用技术侦查手段的办案人员，促进其办案理念的转变，从而为刑事程序法治目标的实现，迈出了坚实的一步，具有里程碑意义。

在肯定立法成效的同时，更应当看到，就中国现时的刑事侦查体制而言，由于基本权利的保障乃至将基本权利作为一种客观的价值秩序并使其成为立法的基本理念，尚未在法律制度系统中得到落实，尤其是在作为"小宪法"的刑事诉讼制度中，其实践演绎的公权力与公民权利的博弈，在公权力行使中最具表征性。立足刑事程序法治视野，监听作为一种秘密的强制性侦查手段，必须在制度设计的理念上，向人权保障回归。唯其如此，方能使刑事诉讼制度的施行，在社会公众中赢得公信力，从而为公权力自身赢得权威性。

结 束 语

本书在进行分析和论证时，除了立足法教义学的立场，通过对不同技术侦查制度进行比较研究外，还尝试借用了解构主义的立场和方法。从实际效用上看，借助该方法，可以边缘的视角对作为职务犯罪技术侦查的制度文本进行剖析，提出质疑。因为，解构主义的边缘性、他者性位置可以提供一个绝好的批评立场和活动空间，因而往往能够在已有定论的经典文本中读出不同的意义，在看似完美和谐的文本中读出矛盾和歧义。在本书中使用解构主义，除了这种边缘的立场外，还包括借用解构主义在文本和作者意图之间、文本和支配性阐释之间进行解构的方法。① 具体言之，文本即公开颁行的制度新规，已如前述，而所谓的作者意图、支配性阐释，笔者将其分别定格为支撑新规的制度理念和围绕新规的"主流"解释及相应诉讼实践。

需要申述的是，如何看待解构理论的颠覆

---

① 参见王旭峰：《什么是解构主义?》，载 http：//blog. sina. com. cn/s/blog_ 4c476527010007h3. html，访问时间：2010 年 9 月 24 日。有关解构主义的源起、源流及代表人物等，可参见盛宁：《人文困惑与反思：西方后现代主义思潮批评》第 2 章中的相关论述，生活·读书·新知三联书店 1997 年版，第 86—105 页。

性？尽管作为一种注重否定性批判的方法，解构主义在其本土语境中"既破解了某文本的神秘，又拆开了那个文本以揭露其内在而又任意的层系和它的前提的意思。它展示了某文本的缺陷及其隐藏的形而上学结构"。① 但笔者本书旨在借用解构主义分析、思考问题的理路和方式，注重的是其思维的品格之于法理分析和思考的意义。这是因为，当下中国法制建设的环境和目标迥异于作为后现代主义解构理论产生的场景和目的指向。其中，最为关键处在于，前者尚处于新旧转变二元并存的法律文化状态，其法治建设任重而道远，而后者已经有着较为成熟的法治文明。② 因此，必须将解构主义思考的问题和思考的方法进行疏离而取其后者。此外，在对解构主义所谓颠覆、质疑等否定性态度的理解上，笔者主张不宜过于绝对，视其与任何建设性的理论水火不相容，而应当看到其积极和建设性的一面。③

　　修订后的刑事诉讼法自施行以来，来自实践部门的信息表明，技术侦查制度基本上处于"休眠"状态，成为停留在纸上的法律。司法实践中，检察机关尤其是基层检察机关很少使用技术侦查措施，绝大多数基层检察院全年没有任何案件使用技术侦查措施，省级、地级市检察院使用技术侦查措施的情况也寥寥无几。有分析认为，主要原因在于：认识上的偏差、界限不清、审批程序缺失、立

　　① ［美］波林·玛丽·罗斯诺：《后现代主义与社会科学》，张国清译，上海译文出版社 1998 年版，第 2—3 页。

　　② 有关后现代理论的法理学意义可参见朱景文《当代西方后现代法学》一书中的一些论述。对当下中国法治建设水平的立论当为国人共识，如《中华人民共和国宪法》中的表述即是一例："依法治国，建设社会主义法治国家。"

　　③ 事实上，解构主义又被称作后结构主义，就方法论而言，其否定性批判的方法，实质上构成了另一种意义上的建构（construction），故而，解构主义者甚至就是一个遵循无限开放性的一流结构主义者。

案过于苛刻、执行上的担忧、滥用的隐患等。① 尽管该分析中依然存在便宜检察机关侦查的理念，且该理念也是笔者在分析中多次强调应作根本性变更者，但无可否认，如何消除现行立法中的模糊及由此而致的疏漏，从而最终使立法真正走向实践，仍然是现时首要的任务，也是笔者于本书中孜孜以求在职务犯罪技术侦查中究明的首要问题。由于学力不逮、资料难求等种种原因，本书的分析论证远不敢自陈允当，笔者将继续存心于该领域的研究，并期待方家的力作。

"法学是神事与人事的知识，是正义与非正义的科学"（乌尔比安）。现代刑事诉讼在其制度设计的理念上，自然不能弃离法学本应秉有的神圣与正义，而应以"正当的程序"控制国家刑罚权的行使，约束追惩犯罪的公权力，防止其被滥用，通过赋予公民各种防御性权利，维系公民个人的权利尤其是基本人权，实现刑事程序法治。这是现代法治国家共同信奉的常识，具有普适性，也是刑事诉讼诸多国际准则赖以奠定的基石，中国既为国际社会的一员，就无法自外于这一制度理念及其指导下的基本制度和原则，必当坚守此一共性，尽管其法治必须也应当有自己的特性。

伴随着中国经济社会的急遽转型，法律制度的改革也将日渐步入深水区，而其迈向现代法治、实现法治文明的目标是坚定不移的，执政党的十八届四中全会已对此一目标作了诠释。笔者认为，新一轮以司法改革（包括相应制度的继续改革）为目标的改革一方面要植根于现实的司法资源，另一方面又不能拘泥于既有的诉讼体制，不可"习惯于缺乏合理性根据的折中和妥协"，并力戒"头痛医头，脚痛医脚"的短期行为。也就是说，必须设定

---

① 龚培华：《职务犯罪技术侦查的困境与对策》，载《法学》2014 年第 9 期。

具有公理性和普适性的基本司法准则作为改革的长远目标，尽管在通向该目标的路径选择中必须充分考虑到现有的司法资源。因为，技术性的、体制内的改革只是为了基本制度的变革、突破进行准备、奠定基础。毕竟，没有长远目标的司法改革必然缺乏系统性，难以避免自相矛盾，而且往往收效甚微。遵循上述思路，关于职务犯罪技术侦查的下一步改革，应当遵照现代法治理念的公理性和普适性原则，在施行侦查与保障人权之间实现动态平衡。

一定条件下理念与制度之间是相互作用，彼此影响的动态关系，理念的转换影响制度的变更，而制度的确立又能固化或者更新人的理念。就理念而言，理念的滞后效应在我国刑事诉讼及侦查法治化改革中已经十分明显，其更新刻不容缓，必须以刑事程序法治的理念为指导，按照人权保障的要求，推进刑事诉讼、侦查及证据制度改革，并以现代刑事法治理念指导司法实践，以此促进执法人员理念的转变。这也是中国刑事诉讼回到常识、回归理性的应然选择。

此外，还应明确的是，在当下的刑事司法体制中，必须区分制度与其依存的外部制度及社会环境二者之间的关系，切忌将法律制度本身的问题与整个社会系统的管理混为一谈。虽然任何法律制度的实施离不开相应的社会环境，但仍应将法律制度与社会管理环境作明确的区分，而不应在思考法律制度时将其外的因素扯入制度本身，回避了法律制度本身是否良善这一问题。正是因为刑事诉讼及证据制度与社会外部环境存在互动关系，所以，在完善刑事诉讼制度的同时，需要全社会的共同行动，改革整个社会管理系统，保障法律制度的实施，促成法律制度改革的实效，而不应以环境的缺乏作为制度改革拖延的借口。

在中国历史上第一部刑事诉讼法典《大清刑事诉讼律草案》

第 326 条的立法理由条陈中，沈家本先生曾言："或谓现在中国警察尚未完备，若舍口供主义，不易侦查实情。殊不知警察未备，理应从速改良警察，安可永守此不备之制度，以保流弊无穷之旧法，况口供之未可信乎？"① 参酌当下中国的职务犯罪技术侦查，何去何从，似应不难作出判断。

---

① 参阅沈家本奏疏：《大清刑事诉讼律草案》，修订法律馆原本，上海政学社影印。转引自黄源盛：《民国初期近代刑事诉讼的生成与开展：大理院关于刑事诉讼程序判决笺释（1912—1914）》，载《政大法律评论》第 60 期（1998 年）。

参考文献

一、专著类

1. 龙宗智：《相对合理主义》，中国政法大学出版社 1999 年版。

2. 陈瑞华：《问题与主义之间——刑事诉讼基本问题研究》，中国人民大学出版社 2003 年版。

3. 宋冰：《读本：美国与德国的司法制度及司法程序》，中国政法大学出版社 1998 年版。

4. 张志铭：《法律解释的操作分析》，中国政法大学出版社 1999 年版。

5. 陈光中、〔加〕丹尼尔·普瑞方廷主编：《联合国刑事司法准则与中国刑事法制》，法律出版社 1998 年版。

6. 汪建成、黄伟明：《欧盟成员国刑事诉讼概论》，中国人民大学出版社 2000 年版。

7. 陈光中主编：《刑事诉讼修正全书》，中国检察出版社 1997 年版。

8. 李薇薇：《所有人的正义——英国司法改革报告》，中国检察出版社 2003 年版。

9. 李心鉴：《刑事诉讼构造论》，中国政法大学出版社 1997 年版。

10. 陈光中、宋英辉主编：《刑事诉讼法实施问题研究》，中国法制出版社 2000 年版。

11. 何邦武：《刑事传闻规则研究》，法律出版社 2009 年版。

12. 龙宗智：《徘徊于传统与现代之间：中国刑事诉讼法再修改研究》，法律出版社 2005 年版。

13. 强世功：《法律的现代性剧场》，法律出版社 2006 年版。

14. 宋英辉、孙长永、刘新魁等：《外国刑事诉讼法》，法律出版社 2006 年版。

15. 林来梵：《宪法学讲义》，法律出版社 2011 年版。

16. 金观涛：《探索现代社会的起源》，社会科学文献出版社 2010 年版。

17. 刘品新：《中国电子数据立法研究》，中国人民大学出版社 2005 年版。

18. 樊崇义：《视听资料研究综述与评价》，中国人民公安大学出版社 2002 年版。

19. 何家弘：《电子数据法研究》，法律出版社 2002 年版。

20. 皮勇：《电子商务领域犯罪研究》，武汉大学出版社 2002 年版。

21. 刘方权：《犯罪侦察中对计算机的搜查扣押与电子数据的获取》，中国检察出版社 2006 年版。

22. 李学军：《电子数据与证据》，载何家弘主编：《证据学论坛》（第 2 卷），中国检察出版社 2001 年版。

23. 张楚：《电子商务法初论》，中国政法大学出版社 2000 年版。

24. 宋英辉：《关于搜查、扣押电子资料的立法完善问题》，载何家弘主编：《证据学论坛》（第 7 卷），中国检察出版社 2004 年版。

25. 陈景辉：《法律的界限：实证主义命题群之展开》，中国政法大学出版社 2007 年版。

26. 谢佑平、万毅：《刑事诉讼法原则：程序正义的基石》，法律出版社 2002 年版。

27. 林来梵：《从宪法规范到规范宪法——规范宪法的一种前言》，法律出版社 2001 年版。

28. 孟君：《犯罪嫌疑人权利救济研究——以刑事侦查为中心》，中国人民公安大学出版社 2008 年版。

29. 徐显明：《人权研究》（第 1 卷），山东人民出版社 2011 年版。

30. 彭真：《论新中国的政法工作》，中央文献出版社 1992 年版。

31. 李昌珂译：《德国刑事诉讼法》，中国政法大学出版社 1995 年版。

32. 宋英辉译：《日本刑事诉讼法》，中国政法大学出版社 2000 年版。

33. 余叔通、谢朝华译：《法国刑事诉讼法》，中国政法大学出版社 1997 年版。

34. 黄风译：《意大利刑事诉讼法典》，中国政法大学出版社 1994 年版。

35. 澳门政府法律翻译办公室：《澳门刑法典澳门刑事诉讼法典》，法律出版社 1997 年版。

36. 朱学勤：《书斋里的革命》，长春出版社 1999 年版。

37. 何家弘编著：《外国犯罪侦查制度》，中国人民大学出版社 1995 年版。

38. 季卫东：《法治秩序的建构》，中国政法大学出版社 1999 年版。

39. 陈瑞华：《刑事审判原理论》，北京大学出版社 1997 年版。

40. 王国民主编：《现代刑事侦查学》，中国人民公安大学出版社 2000 年版。

41. 赵海峰主编：《欧洲法通讯》（第 1 辑），法律出版社 2001 年版。

42. 孙长永：《侦查程序与人权》，中国方正出版社 2000 年版。

43. ［德］卡尔·拉伦茨：《法学方法论》，陈爱娥译，商务印书馆 2003 年版。

44. ［波］托波尔斯基：《历史学方法论》，张家哲、王寅等译，华夏出版社 1990 年版。

45. ［德］马克斯·韦伯：《经济与社会》（上卷），林荣远译，商务印书馆 1998 年版。

46. ［美］昂格尔：《现代社会中的法律》，吴玉章、周汉华译，译林出版社 2001 年版。

47. （台湾）陈朴生：《刑事诉讼法实务》（增订版），海天印刷厂有限公司 1981 年版。

48. ［英］S. F. C. 密尔松：《普通法的历史基础》，李显冬、高翔等译，中国大百科全书出版社 1999 年版。

49. ［意］贝卡利亚：《论犯罪与刑罚》，黄风译，中国大百科全书出版社 1993 年版。

50. ［日］田口守一：《刑事诉讼法》，刘迪等译，法律出版社 2000 年版。

51. ［美］爱伦·豪坦斯泰勒·斯黛丽、南布·弗兰克：《美国刑事法院诉讼程序》，陈卫东、徐美君译，中国人民大学出版社 2002 年版。

52. ［德］约阿希姆·赫尔曼：《〈德国刑事诉讼法典〉中译本引言》，李昌珂译，中国政法大学出版社 1995 年版。

53. ［德］拉德布鲁赫：《法学导论》，米健、朱林译，中国大百科全书出版社 1997 年版。

54. ［法］让·文森、寒尔日·金沙尔：《法国民事诉讼法要义》，罗结珍译，中国法制出版社 2001 年版。

55.〔德〕黑格尔:《法哲学原理》,范扬、张企泰译,商务印书馆 1961 年版。

56.〔英〕J. W. 塞西尔·特纳:《肯尼刑法原理》,王国庆等译,华夏出版社 1989 年版。

57.〔美〕伯纳德·施瓦茨:《美国法律史》,王军等译,法律出版社 2007 年版。

58.〔美〕阿丽塔·L. 艾伦、理查德·C. 托克音顿:《美国隐私法:学说、判例与立法》,冯建妹等译,中国民主法制出版社 2004 年版。

59.〔美〕波林·罗斯诺:《后现代主义与社会科学》,上海译文出版社 1998 年版。

60.〔德〕托马斯·魏根特:《德国刑事诉讼程序》,岳礼玲、温小洁译,中国政法大学出版社 2004 年版。

61.(台湾)黄东熊:《中外检察制度之比较》,"中央"文物供应社 1986 年版。

62.〔德〕鲁道夫·冯·耶林:《为权利而斗争》,郑永流译,法律出版社 2007 年版。

63.〔美〕约翰·W. 斯特龙:《麦考密克论证据》,汤维建等译,中国政法大学出版社 2004 年版。

64.〔德〕Claus Roxin:《德国刑事诉讼法》,吴丽琪译,三民书局 1998 年版。

65.〔德〕拉德布鲁赫:《法学导论》,米健译,法律出版社 2012 年版。

66.〔德〕罗伯特·阿列克西:《法律论证理论》,舒国滢译,中国法制出版社 2002 年版。

67. 李明:《监听制度研究:在犯罪控制与保障人权之间》,法律出版社 2008 年版。

二、论文类

1. 李德敏、李平:《反贪污贿赂犯罪侦查的特殊调查工作》, 载《政法论坛》1994 年第 5 期。

2. 朱孝清:《职务犯罪侦查措施研究》, 载《中国法学》2006 年第 1 期。

3. 樊崇义:《论反贪秘密侦查及其证据力》, 载《人民检察》1995 年第 11 期。

4. 何家弘、龙宗智:《诱惑型侦查与侦查圈套》, 载《证据学论坛》2001 年第 2 期。

5. 朱孝清:《职务犯罪侦查措施研究》, 载《中国法学》2006 年第 1 期。

6. 陈卫东:《秘密侦查合法化之辩》, 载《法制日报》2007 年 2 月 11 日。

7. 宋英辉、何家弘、卞建林等于《河南社会科学》2011 年第 7 期上的笔谈。

8. 陈子军:《论刑事侦查模式及其构建路径》, 载《求索》2013 年第 9 期。

9. 舒国滢:《走出概念的泥淖》, 载《学术界》2001 年第 1 期。

10. 雷磊:《什么是我们所认同的法教义学》, 载《光明日报》2014 年 8 月 13 日第 16 版。

11. 谢晓专、王沙骋、赵需要:《美国情报监听立法沿革研究》, 载《图书情报工作》2011 年第 22 期。

12. 江国华:《无诉讼即无宪政》, 载《法律科学》2002 年第 1 期。

13. 何邦武、李珍苹:《论职务犯罪的特殊侦查》, 载《法学杂志》2011 年第 9 期。

14. 何邦武：《近代证据法学知识系谱研究：意旨、方法与进路》，载《求索》2015年第2期。

15. 陈林林：《从自然法到自然权利：历史视野中的西方人权》，载《浙江大学学报（人文社会科学版）》第33卷第2期（2003年3月）。

16. 赵宏：《作为客观价值的基本权利及其问题》，载《政法论坛》2011年第2期。

17. 郭云忠：《法律实证研究方法及其地点选择》，载《环球法律评论》2009年第4期。

18. 陈卫东：《中国刑事证据法的新发展：评两个证据规定》，载《法学家》2010年第5期。

19. 陈永生：《计算机网络犯罪对刑事诉讼的挑战与制度应对》，载《法律科学》2014年第3期。

20. 曾平彬：《论违法监听之法律效果》，"国立"中正大学法律学研究所1991年硕士论文。

21. 江舜明：《监听在刑事程序方法上之理论与实务》，载《法学丛刊》第168期。

22. 龚培华：《职务犯罪技术侦查的困境与对策》，载《法学》2014年第9期。

23. 龙宗智：《新刑事诉讼法实施：半年初判》，载《清华法学》2013年第5期。

24. 范立波：《分离命题与法律实证主义》，载《法律科学》2009年第2期。

25. 王建明：《职务犯罪侦查措施的结构、功能及适用原则》，载《中国法学》2007年第5期。

26. 何邦武、张孔文：《职务犯罪批捕权上提一级改革制度分析》，载《西南政法大学学报》2011年第5期。

27. 何邦武：《亲属作证制度在近代中国的演变及启示》，载

《中国法学》2014 年第 3 期。

28. 谢杰等：《职务犯罪决定逮捕权上移的现实应对》，载《法学》2009 年第 7 期。

29. 何邦武、杨勇：《完善职务犯罪批捕权上提一级改革的思考》，载《中国刑事法杂志》2011 年第 7 期。

30. 天津市河北区人民检察院课题组：《对搜查、扣押、冻结等强制性侦查措施检察监督有关问题研究》，载《法学杂志》2011 年第 2 期。

31. 王广辉：《论宪法未列举权利》，载《法商研究》2007 年 5 期。

32. 刘品新：《论电子数据的定位：基于中国现行证据法律的思辨》，载《法商研究》2002 年第 4 期。

33. 龙宗智：《证据分类制度及其改革》，载《法学研究》2005 年第 5 期。

三、外文文献及案例类

1. Steve Uglow, Criminal Justice, Sweet & Maxwell Limited 1995.

2. K. Zweigert &H. Kotz, "An Introduction to Comparative Law", (1977) Vol. L. p. 2.

3. H. L. A. Hart, Positivism and the Separation of Law and Morals, in his Essays In Jurisprudence and Philosophy. Oxford ：Clar – endon Press, 1983.

4. H. L. A. Hart, The Concept of Law, Oxford：Clarendon Press, revisit edition, 1994.

5. Bryan A. Garner. Black's Law Dictionary. 9th ed. Eagan：West, a Thomson business, 2009.

6. Ronald Dworkin, Taking Rights Seriously, Cambridge, Mass. : Harvard University Press, 1978.

7. Black's Law Dictionary, abridged sixth ed. , West Publishing Co. , 1991.

8. Harvey B. Levinson, Judges Can't Agree About Illegal Evidence, N. Y. Times, Feb. 2. 1990 at A 30.

9. U. S. v. Chavez, 416 U. S. 562（1974）.

10. Glenn H. Reynolds , Penumbral Reasoning on t he Right s , 140 U. Pa. L. Rev. 1333（1992）.

11. Zippelius/Wuertenberger, Deutsches Staatsrecht, 31. Auflage, Verlag C. H. Beck, 2005, S. 201.

12. Criminal Procedure Systems in the European.

13. Community, Chapter 4 – France（by Prof. Jean Pradel）, Christine Van den Wyngaert ed. , Buterworths, 1993.

14. Ed. K. Lee Lerner, Brenda Wilmoth Lerner. World of Forensic Science . Independence Gale, 2005：548.

15. Robert A. Pikowsky, the Need for Revisions to the Law of Wiretapping and Interception of Email, Michigan Telecommunication and Technology Law Review, Fall 2003.

16. Cross. Sir Rupert, CROSS ON EVIDENCE , 453 , Lodon：Butterworth（1985）.

17. Katz v. United States, 389 U. S. 347（1967）.

18. Nardone v. U. S. 302 U. S. 379（1937）.

19. Olmstead v. U. S. 277 U. S. 438（1928）.

20. Bverf GE7, 198, 205.

21. 367 U. S. 643（1961）.

代后记：一则书面发言[*]

　　十分有幸参加了中国政法大学研究生院与我院联合举办的这次规格较高的学术研讨会。两天的时间虽然紧张但却感到十分充实，聆听海内外专家学者的高论，获益匪浅。受各位专家学者的启发，这里，我想讲以下两点感想：

　　一是当刑事改革理论遭遇刑事司法实践时，在座各位或来自理论研究部门或来自司法实践部门的专家学者聚集在一起，举行这样一个研讨，我们希图得到什么，即会议的目的是什么？我认为，回到会议的本来意义上说，就是通过对话（discourse），集思广益，达成共识。明乎此，紧接着就是，我们能达成何种共识？我认为，也是大家能认同的是，作为一种政府公权力的行使方

---

　　* 本发言是笔者参加"刑事侦查与警察执法国际研讨会"时所作，该会于 2011 年 4 月 23 至 25 日在杭州举行，由浙江理工大学法政学院与中国政法大学研究生院联合举办，共探讨了"刑事侦查中警察执法的国际标准"、"中国刑事侦查中警察的角色"、"强制措施的运用及人权保障"、"香港刑事侦查中强制措施的运用及犯罪嫌疑人权利的保障"以及"新型犯罪与特殊侦查手段"等专题。参加这次研讨会的有来自德国、瑞士及香港地区的刑事法律专家和中国社会科学院法学研究所、中国政法大学、华东政法大学、中国人民公安大学、浙江大学、浙江理工大学、浙江警察学院等院校和公安部、省内公检法系统的专家、学者。

式，刑事诉讼必须具备人权保障的最低限度的程序正义，以约束公权力。这是一个普适性的原则，也是刑事诉讼诸多国际准则赖以奠定的基石，中国既为国际社会的一员，也加入了其中的很多条约，就无法自外于这一基本原则。如果这不能成为共识，大家就真的谈不拢了，改革也将无法推动，而这，应该是大家都不愿看到的，并且不改革已没有事实上的可能性：我们已经在100多年前走上法治现代化的不归路，别无选择！好在来自实践部门的专家对此已不存在疑义，只是认为也应当考虑到可能随时成为犯罪受害人的普通民众的权益，而且，实践中有难度。但这里有个问题必须澄清，实践部门的专家领导将法律制度本身的问题与整个社会系统的管理混到一起了。我的意思是，尽管任何法律制度的实施离不开相应的社会环境，但仍应将法律制度与社会管理环境作明确的区分，而不应在思考法律制度时将其外的因素扯入制度本身，回避了法律制度本身是否良善这一问题。由于制度与社会外部环境存在互动关系，需要各位在检视制度不足的同时，大声疾呼，就社会整个管理系统存在的对法律制度实施保障不足的问题予以改革，以促成法律制度改革的实效，而不应以环境的缺乏作为制度改革拖延的借口。

二是在达成刑事诉讼基本理念共识之后，我们所能为的和所当为的是什么？我把这一问题分为改革的方法与改革的路径。在方法上，无非是立法层面规则乃至原则的修订和实践层面的观念即基本共识的普及以达到对修订后的原则和规则的恪守。方法既可以指向宏观，也可以指向微观。这里仅就微观上的改革作一设想。比如，我们可以从现行刑事诉讼法入手，以共识的基本价值为导引，进行逐条的分析、清理。如《刑事诉讼法》第2条所说的，惩罚犯罪分子，保障无罪的人不受刑事追究，教育公民自觉遵守法律。用福柯权力与话语的关系理论考量，可以发现，这里话语的主体是国家，体现的是国家优位的权力结构，与共识价值下的刑事诉讼的应然原则、规则存在差异而非差距，必须予以改革。这是厘清旧制，

201

在增加新规时，我们也应当以最底价值共识为指引。

关于改革的方式，我倾向于以制度经济学的"路径依赖"理论为指导。现在最突出的问题是，我国当前的刑事诉讼制度改革容易形成恶性路径依赖，造成锁定（lock - in）效应。通过对"两个证据规定"及检察机关主导的"职务犯罪批捕权上提一级改革"的分析，我们隐然可见这种令人担心的路径依赖。所以，在审前侦查程序司法审查缺位、证人强制出庭作证制度告缺、庭审实质化难觅踪影的情势下，我对"两个证据规定"的实践效果持谨慎乐观态度。上提一级改革更显然是一种锁定效应下的改革，我在文章的分析中实质上想表达的是：此路不通。① 而打破这种锁定效应的方法只能是，坚定共识价值的方向而扎实有序地改进，实行一种理性改良主义。毕竟，制度的变更关乎各方主体的利益格局，是一种博弈的结果，这需要一个妥当的安排，尽可能照顾利益受损方，以使其自身接受改革，推动改革。我在上提一级的文章论述中尝试用这一方法推进批捕权及检察制度的改革，我坚信此一路径的可操作性和可接受性。这里不再赘述。

因两天的讨论中，与会专家发言踊跃，议程紧凑，因此失去了与一位来宾关于刑讯逼供为中国传统产物、固有文化现象的主张当面讨教的机会：我一向对此持坚定的反对态度，所谓刑讯逼供为中国特有传统之说纯属无稽妄言，欧洲中世纪的教会法庭、庄园领主法庭在刑讯手法上令人发指程度至今让看到刑具者不寒而栗。文艺复兴之后，此类现象仍然留存，法国庄园中的地牢在文艺复兴后很长时间，直到 17 世纪仍然使用。贝卡利亚在《论犯罪与刑罚》中对刑讯的猛烈抨击绝非无的放矢。美国大兵对伊拉克人的折磨就在

---

① 参见何邦武、杨勇：《完善职务犯罪批捕权上提一级改革的思考》，载《中国刑事法杂志》2011 年第 7 期。何邦武、张孔文：《职务犯罪批捕权上提一级改革制度分析》，载《西南政法大学学报》2011 年第 5 期。

眼前。刑讯逼供仅止关涉于具体的制度！我们实在不应该犯这一常识性错误，尤其当着外籍专家的面时。此外，将原因扔给历史、文化，还有逃避责任之嫌，实属不智！"身多疾病思田里，邑有流亡愧俸钱。"作为以求真布道为安身立命之所的知识人，我更愿以此时时警醒自己。

近代以后，中土之内，外患内忧，国运塞促，危机四伏。职是之故，国人恒思发奋图强，社会以趋新厌旧为风尚，深欲以今日之我非昨日之我。以致革命也罢，改革也罢，我们总是以此等口号、命题作为先进性和正当性的标识。然而，当阿Q们求闹着要去革命，而又被不准革命时，此中的荒诞与芜杂不难悟出。以此之故，有学者诤言：改革司法改革。但是，当革新成为利名之阶、干禄之途时，踩着改革战车的人们，只怕仅能也仅愿听到喝彩声。①

芝兰兮幽谷，尚期一瞻；美目兮巧盼，莫肯我顾。一百多年的中国法治现代化之路，备极曲折与艰辛，为之一叹。

何邦武

二零一五年三月　杭州

---

① 修订后的刑事诉讼法实施半年后，有学者就实施情况作了总结，初步验证了作者在修订前的忧思，尽管取得了不小的进步。参见龙宗智：《新刑事诉讼法实施：半年初判》，载《清华法学》2013 年第 5 期。